Manfred Berthold Klose

Vom Gestern und Heute

einer einst aufstrebenden Region

Der Autor

erlebte seine Kindheit und Jugendzeit in der beschriebenen Region, absolvierte dort die Grund- und Oberschule sowie an der Friedrich Schiller-Universität Jena das Physik-Studium.

Laseranwendungen und -entwicklungen für Spektroskopie, Ablation und Flugsicherheitt insbesondere in der Hochtechnologie sowie Luft-und Raumfahrt waren in der Folgezeit seine Foschungsschwerpunkte.

Neben seiner Forschunstätigkeit war er mehr als zehn Jahre Vorsitzender der Kommission Kultur und Bildung der TU Bergakademie Freiberg, woraus auch seine Kontakte zur Denkmalpflege in Dresden und sein Engagement für die Erhaltung und den Wiederaufbau historisch wichtiger barocker Gebäude der Stadt resultierten.

Die Erfahrungen, die er bei seinen Aufenthalten in vielen Ländern auf fast allen Kontinenten sammelte, schärften seinen Blick und die Wertschätzung für das eigene Zuhause. Eine Allegorie zur Rudolstädter Heimatdichtung drängt sich dabei auf.

*Meinen Freunden und Bekannten,
meinen Schul- und Sportkameraden,
all denen, die mich begleiteten,
in Dankbarkeit gewidmet*

Bibliografische Information der Deutschen Nationalbibliothek: Die Deutsche Nationalbibliothek verzeichnet diese Publikation in der Deutschen Nationalbibliografie; detaillierte bibliografische Daten sind im Internet über dnb.d-nb.de abrufbar.

TWENTYSIX – Der Self-Publishing-Verlag
Eine Kooperation zwischen der Verlagsgruppe Random House und BoD – Books on Demand

© 2017 Klose, Manfred Berthold

Herstellung und Verlag:
BoD – Books on Demand, Norderstedt

ISBN: 978-3-7407-2697-3

Inhaltsverzeichnis

Prolog und Intuitionen — 7

Die Region Schwarza, urkundlich und ehemals — 11

Gasthöfe und Gaststätten - Flugplatzaktivitäten — 24

Das Kulturhaus Schwarza — 30

Das Straßentreffen und die Buchlesung — 33

Das Jubiläumstreffen meines Schuljahrgangs
und Rückblicke — 41

Intentionen durch Historie und persönliches Umfeld — 49

Ansiedlungen und Entwicklungen in der Region –
Prägende Persönlichkeiten — 51

Anton Sommer, der Rudolstädter Heimat-
und Mundartdichter — 55

Die Sankt Laurentiuskirche in Schwarza -
wie ich sie erlebte — 65

Die Glocken der Sankt Laurentiuskirche — 68

Der heilige Laurentius — 80

Die barocke Kirche Sankt Laurentius — 83

Vom Schaffen im Handwerk und in kleineren
betrieblichen Einheiten in Schwarza — 90

Heimatstube und Ebhardt-Schuhwerkstatt	96
Mein Erleben der Nestler-Mühle und der „Gold-Fluss" Schwarza	102
Korbmacherei Witt und „Lebensmittel-Kehrmann" & Nachfolger	111
Zukunfts-Hoffnungen	118
Quellennachweis	137
Danksagung	140

Prolog und Intuitionen

Heute bekomme ich - etwas überraschend - einen Anruf von Emmile, ob ich vielleicht eine Buchlesung bei einem Straßentreffen in unserem Heimatort Schwarza, das sie mit ihrem Bruder in nächster Zeit organisieren möchte, machen könnte.

Emmile war in der Schule ein Jahrgang unter mir. Mit ihrem zwei Jahre älteren Bruder ministrierte ich häufig bei den sonntäglichen katholischen Gottesdiensten in der Schwarzaer Sankt Laurentiuskirche. Und mit ihrem Vater, der Lehrer war, hatte ich, obwohl noch sehr jung an Jahren, oft ganz spontan und zufällig, manchen interessanten und respektvollen Disput.

Wir, einst Flüchtlinge, hatten hier unsere neue Heimat gefunden und unsere Kindheit und Jugendzeit verbracht. Wir wohnten in der gleichen Straße, in Sichtweite vis-a-vis, nur wenige Meter voneinander entfernt.

Etliche Jahre sind seitdem vergangen, und vieles hat sich da in diesem Ort verändert. Die meisten, die hier gemeinsam die Schule besuchten, die zusammen die Tanzstunde machten, die manche Träume miteinander verbanden, die Sport- und Volksfeste des Öfteren erlebten, sie wohnen nicht mehr hier. Sie haben Kinder und Enkel. Und in der Regel haben sie auch ihr Berufsleben hinter sich gebracht. Vieles hat sich auch bei ihnen verändert. Man wüsste jetzt natürlich gern: Was ist aus jedem Einzelnen geworden, wie fühlt man sich heute?

Emmile hatte, wie sie mir erzählte, bei Straßentreffen im nicht weit entfernten Arnstadt, wo sie seit längerer Zeit wohnt, viel Positives erlebt. Und deshalb jetzt auch bei ihr der Gedanke und die Hoffnung: Vielleicht kann so etwas Ähnliches auch in Schwarza durchgeführt werden? Das speziell „ins Auge" gefasste Straßentreffen sollte vor allem die einstigen Bewohner der ehemaligen Hainstraße, später in Friedrich Engels-Straße umbenannt, der Ernst Thälmann-Straße, der Bahnhofstraße sowie der dortigen Plattenbauten, damals unter der Rubrik Neubauwohnungen laufend, umfassen. Natürlich stimmte ich dem Ansinnen einer Buchlesung spontan sofort zu, hatte noch Tage zuvor an so etwas überhaupt nicht gedacht. Natürlich wollte ich damit auch für das Zustandekommen dieses Treffens, an dem ich ja selbst sehr interessiert war, einen Beitrag liefern.

Wir waren uns völlig unklar darüber, was auf uns bei solch einem Treffen zukommt. Und wie wird wohl das Interesse dafür sein, jetzt nach 50 und mehr Jahren Abwesenheit aus Schwarza? Emmile hoffte, wie auch ich, dass vielleicht Zehn gerade mal kommen werden. Tatsächlich waren wir aber auch über die Höhe selbst dieser nicht gerade großen Zahl im Unklaren. Ich plädierte deshalb dafür, den Termin für dieses Straßentreffen so zu legen, dass es zeitlich etwa mit dem 60. Jubiläum des Abschlusses meines Schuljahrganges 1948/56 zusammenfällt. Vielleicht könnten sich dann auch einige von denen, die von weither zum Schuljubiläum anreisen, zur Teilnahme an diesem Treffen bewogen fühlen. Viel weniger war ich mir allerdings darüber im Klaren, wer sich wohl davon dann auch noch für meine Buchlesung interessieren könnte. Um nicht noch mehr Fragen im Raum stehen zu haben, bestellte ich deshalb kurzerhand für einen weiteren Tag vor dem Jubiläumstreffen die Gaststätte „Nemo", die ich ja von früheren ähnlichen Anlässen kannte. Eine schöne Gaststätte, in Schwarza zentral gelegen, mit ansprechendem Ambiente und guten Speisen. Sie hatte mittlerweile so etwas wie einen Traditionscharakter für unsere Klassentreffen bekommen.

Unser Vorhaben, Straßentreffen und Buchlesung, wurde dann

auch rechtzeitig zusammen mit dem 60. Jubiläumstreffen des Schulabschlusses, d.h. 10 Tage zuvor, am 06.04.2016, in der Ostthüringer Zeitung OTZ ausführlich angekündigt. Und auch die Bemühungen von Emmile hinsichtlich Einladungen, Rücksprachen, Werbungen etc. führten schließlich dazu, dass letztlich viel mehr Schulkameraden kamen als das je zuvor von uns erwartet wurde. Mehr Besucher als an diesem und dem folgenden Tag, hätte das „Nemo" kaum verkraften können.

„Spielkameraden von einst treffen sich in Schwarza" [1]

So der Titel zu dem Beitrag und dem Bild in der OTZ Rudolstadt vom 16. April 2016 von Heike Enzian. Mehr als Vierzig waren gekommen, aus verschiedenen Regionen des Landes. Einst wohnten sie zusammen in einem relativ kleinen Stadtteil von Schwarza, um die Friedrich Engels-Straße herum. Viele hatten sich seit 60 Jahre nicht mehr gesehen. Manche hatten da auch vielleicht das letzte Mal miteinander gespielt. An ein Verabschieden dachte damals natürlich niemand. Umso schöner deshalb jetzt das Wiedersehen. Beim anstehenden Rückblick drängten sich bei mir auch mentale

Verknüpfungen auf. Das nicht nur bei dem beabsichtigten Straßentreffen, sondern auch bei dem zusätzlichen Schuljubiläum und den Erinnerungen an das zurückliegende „50." sowie der damit verbundenen „Goldenen Konfirmation".

In der Vergangenheit bewegte ich mich ja häufig auf großen Strecken, oft bei Marathons in verschiedenen Städten und Regionen, in Berlin, Paris, Rom, New York, Kapstadt, Rio oder Honolulu, nicht selten emotionsgeladen das Ziel vor Auge. Manchmal ging es dabei auf und ab, wie etwa bei dem längeren Guts Muths-Lauf im Thüringer Wald oder dem zur Peking-Olympiade parallel veranstalteten internationalen Großen Mauer-Lauf mit den Tausenden zu überwältigenden Stufen. Stolpersteine waren da auch nicht auszuschließen.

Inzwischen, bewege und bewegte ich mich aber auf einem ganz anderen Terrain mit einer anderen Skala, einer nicht örtlich markierten Skala, mit mehreren 10 Kilometer-Abschnitten, vorwärts gerichtet, sondern einer zeitlichen, meist mit mehreren 10 Jahren datierten Skala, in der Regel aber zurück gerichtet. Statt des allgemein bekannten Joggings, oft mit der Zielstellung zur Stärkung der körperlichen Fitness verbunden, jetzt eine andere Art von Herausforderung, die ich als eine Art von Gehirn-Jogging bezeichnen würde. Und nicht selten habe ich auch da Momente verspürt, die ähnlich denen beim Laufen waren, die mich oft auch recht positiv stimmten. Ich konnte mich manchmal an Dinge erinnern, die ich längst vergessen glaubte. Noch bin ich aber nicht am Ziel meines Schreibens angekommen. Stolpersteine sind dabei nach wie vor nicht ausgeschlossenl. Und ich bin jedem dankbar, der mir hilft, sie auszuräumen.

Die Region Schwarza, urkundlich und ehemals

Urkundlich ist der nach dem schwarzen Fluss benannte kleine thüringische Ort Schwarza erstmals 1074 erwähnt. Dieser Ort, am Rande des Thüringer Waldes in einem fruchtbaren Talkessel gelegen, wo Saale und Schwarza zusammentreffen, bot gute Voraussetzungen für einen erfolgreichen Obst- und Gemüseanbau. Zudem waren die mehr als 50 Zuflüsse zu der gerade mal etwa 55 km langen, auch als Gold-reichster Fluss bekannten Schwarza und die nebst Wald noch anliegenden Erzlager für die Gewinnung von Erz und Holz sowie deren Verarbeitung in den angrenzenden Betrieben und im häuslichen Handwerk äußerst vorteilhaft.

Man könnte auch fast meinen, dass dieser Fluss, nachdem er Bad Blankenburg passiert hat, sich in Schwarza, wie verabredet, mit der Saale vereint, nachdem diese hierher einen Bogen westwärts auf sie zugemacht hat.

Bis zur Begradigung der Schwarza im 19. Jahrhundert gab es hier oft Überschwemmungen. Die hölzerne Dorf-Brücke über den Fluss wurde dabei auch mehrfach zerstört und schließlich durch eine steinerne Brücke ersetzt. 1994 war es zum letzten Mal zu einer derartigen Überschwemmung im Ort gekommen.

In Berichten der letzten Jahre konnte man allerdings auch lesen, dass ihr Wasserpegel zuvor häufig so niedrig war, dass das Flussbett der Schwarza fast ausgetrocknet war. Ich kann mich aber an Derartiges in meiner Kindheit und Jugendzeit nicht erinnern. So etwas hätte natürlich auch die Nützlichkeit dieses Flusses für uns eingeschränkt. Damals, im Winter, war er zu unserer Freude häufig vereist. Man konnte dann darüber laufen, auch Schlittschuhlaufen. Im Sommer badeten wir in ihm. Und wir waren nicht wenige. Es war dann meist nur eine kurze Zeit, um sich zu erfrischen. Aber immerhin. Es tat auch so gut. Für mehr hatte man ja noch das Schwimmbad in der Zellwolle, doch auch recht nahe gelegen. Und das erfüllte ja alle Wünsche, die man da noch hatte.

Auf der Saalfelder Straße B88, 100 m entlang der Schwarza in Richtung Saalfeld, biegt hinter dem Ortsausgang links die Preilipper Straße ab. Nach nur wenigen Metern kann man dann über die Brücke die Saale überqueren und stößt direkt auf das Landwirtschaftsamt Rudolstadt. Der nahe gelegene Parkplatz ist für ankommende Besucher mehr als willkommen. Nur etwa 150 m von hier entfernt mündet die Schwarza in die Saale. Für Touristen ist das wohl vor allem extra ausgeschildert. Mit etwas Mühe kann man von dieser markierten Stelle aus - wie im Bild - auch diese Brücke und die Preilipper Kuppe in der Ferne erkennen.

Mündung von Schwarza und Saale

Das dörfliche Schwarza mit seiner durch den Zusammenfluss von Saale und Schwarza begünstigten Lage hatte seine Attraktivität als industrieller Standort noch erhöht, als hier am 1. Mai 1874 die Saale-Eisenbahn feierlich in Betrieb genommen wurde. Dem folgte 1884 die Eröffnung der eingleisigen Stichbahn Schwarza - Bad Blankenburg und 1905 die „Schwarzatal-Bahn" nach Katzhütte. Bis 1991 fuhr auch noch täglich von hier der D-Zug nach Dresden.

Die einstige Aufnahme dieses Bahnbetriebs hatte als logische Folge die Entstehung wichtiger Fabriken in der Region, wie der beiden Porzellanfabriken E. & A. Müller und Beyer & Bock sowie der Papierzellstoff-Fabrik R. Wolff.

Wohl mehr denn je empfindet man heute den Mangel der damals demontierten Stichbahn. Und das nicht nur wegen der Einschränkungen im Berufsverkehr. Für den Tourismus fehlt so die einstige günstige Bahn-Anbindung zu den ins Leben gerufenen Touren auf den internationalen Wanderwegen, etwa bei der Europäischen Fernwanderung, aber auch im regionalen Bereich, wie dem Panoramaweg Schwarzatal oder dem Thüringenweg [2].

Von Schwarza aus sind dabei die drei Aussichtspunkte des Drei Städte-Weges Preilipper Kuppe, Kulmberg und Liske zügig zu erreichen. Und ähnliches gilt auch für Schillershöhe und Geschwister Scholl-Turm.

Der sogenannte Drei Städte-Weg beinhaltet außer den genannten Aussichtspunkten auch den bei Bad Blankenburg gelegenen Kesselberg, mit 522 m höchster Punkt und die Überquerung der Saale bei Rudolstadt, mit 140 m üNN tiefster Punkt des Wanderweges [2]. - Eindrucksvoll auch die Tour entlang der Sandsteinfelsen der „Volkstedter Riviera" und oberhalb des 100 m hohen Felsabsturzes "Bohlenwand" bei Saalfeld [2].

Der Saalbahnhof Schwarza war nur wenige Meter von meinem Zuhause entfernt. Wenn ich das Pfeifsignal des Zuges - von Bad

Blankenburg kommend - morgens 6:30 Uhr hörte, war es höchste Zeit, um im Laufschritt den Zug zur Schule zu erreichen. Und das klappte dann auch fast immer.

Herr und Frau Kohlstedt links vor dem Eingang des Saalbahnhofs vor einem Schulausflug (Foto von vor über 60 Jahren). Sehr beliebt war auch die zum Bahnhof gehörende Mitropa-Gaststätte (rechts vom Bahnhofseingang).

Dahinter die Gleise für die Personen- und Güterzüge. Im Hintergrund das Thüringische Kunstfaserwerk mit den Werkschornsteinen [26] und Rauchschwaden der Lokotiven. Eine durch SO_3 und CS_2 verschmutzte Luft war da die Regel.

Der einstige West-Bahnhof Schwarza, nahe der „Roten Schule". Nur noch das Wartehäuschen und der ehemalige Bahnsteig sind zu sehen. - Dieser Bahnhof entstand 1924 auf Wunsch der Schwarzaer Bürger an der eingleisigen Bahnlinie nach Bad Blankenburg und war so ein wichtiger Punkt für den Berufs- und Ausflugsverkehr. Leider wurde er nach der „Wende" außer Betrieb gesetzt.

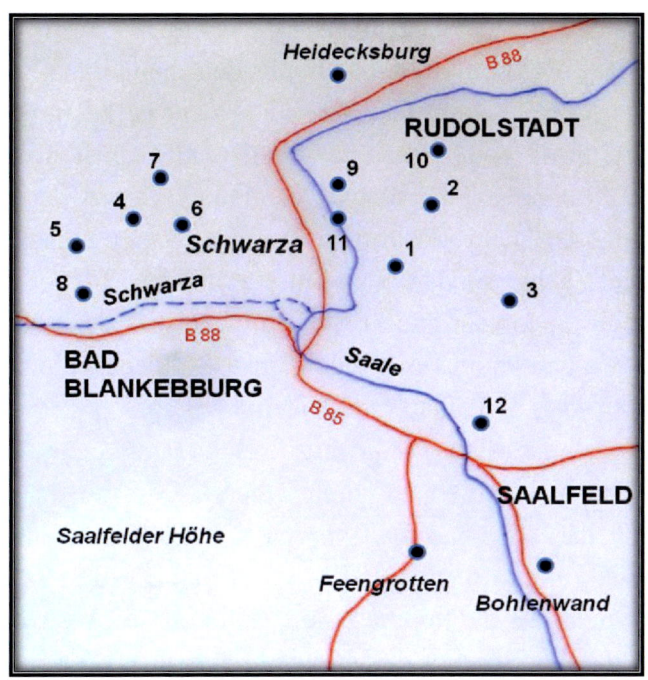

Region Schwarza mit Rudolstadt, Bad Blankenburg, Saalfeld

Ihre wichtigsten geografischen Punkte und die beidarmige Mündung (Delta-Mündung) der Schwarza in die Saale als Besonderheit.

1 Preillipper Kuppe
2 Gleitz
3 Kulm und Kulmberg-Haus
4 Liske
5 Kesselberg und Kesselwarte
6 Zeigerheim
7 Geschwister Scholl-Turm
8 Burg Greifenstein
9 Schillershöhe
10 Marienturm
11 Volkstedter Riviera
12 Göritz-Mühle

Ich kann mich gut daran erinnern, wie ich mich - einst, vor vieen Jahren - einige Male unmittelbar hinter der ehemaligen Zellwolle, direkt hinter dem späteren CFK-Gebäude - auf geradem Weg hinauf zur Preilipper Kuppe machte. Manchmal auch in Begleitung, etwa mit Tante Liesel, der Schwester meines Vaters, der das aber auch wegen der nicht erwarteten Anstrengungen manchmal gar nicht so recht behagte. Den Weg musste man sich oft selber „bahnen". Und er war meist auch recht steil. Ich half dann schon mal etwas aus. Es gab kaum Baumwuchs oder Sträucher, die den geraden Aufstieg irgendwie hätten behindern können.

Heute ist das natürlich - man muss schon sagen „zum Glück" - ganz anders und so nicht möglich. Oben angekommen, war man immer froh darüber, was man geschafft hatte. Man genoss dann den Fernblick um so mehr. Jetzt benötigt man für diesen Aufstieg zur Kuppe mehr als die doppelte Zeit. - Ein kurzer Abstecher dorthin, etwa am Wochenende, lohnt sich aber immer. Der jetzige gut markierte Wanderweg mit leichten Anstiegen verläuft vollständig im Grünen und die Anstrengungen bis zum Aussichtspunkt sind nun doch – vergleichsweise zu früher - wesentlich geringer.

Kurz vor meinem jetzigen Abstecher zur Preilipper Kuppe hatte ich noch ein Gespräch mit dem ehemaligen Pfarrer der katholischen Kirche Schwarzas J. Vockrodt. Er zeigte mir die neuen Räume der vor 50 Jahren vor allem von den Schwarzaer Katholiken erbauten Kirche. Mein Vater war daran auch beteiligt, vor allem, was das damit verbundene Organisatorische oder Verwaltungstechnische betraf. Und Pfarrer Vockrodt konnte sich auch daran noch gut erinnern. Zuletzt gab der Pfarrer mir sein gerade erst erschienenes Buch „Die Gedanken sind frei" [3] mit auf den Weg. Und weiterhin die Worte: Ich sollte mir mit seinem Lesen doch etwas Zeit lassen. Ich las dann allerdings doch gleich einige

Verse darin, die mich vorrangig interessierten. Und einer davon gefiel mir da besonders:

> *"Nur durch das Tal, da wird der Berg*
> *von niemand überseh'n.*
> *Erst durch den Berg, da kann der Mensch*
> *durch's schöne Tal nun gehen."*

Er gefiel mir deshalb, weil ich derartiges beim Laufen häufig verschiedenenorts empfand. Da konnte ich entspannen, was im Volksmund oft auch mit dem Wort „abschalten" umschrieben wird. Mein Blick konnte sich dabei für vieles andere öffnen, für das, was man sonst oft gar nicht sieht oder auch nicht gesehen hat. Ganz gleich, welche Vorgeschichte es dazu gab. Beim Auf und Ab, durch Berg und Tal, etwa bei Läufen entlang des Rennsteigs oder durch den meiner jetzigen Heimatadresse nahe gelegenen Schönbuch, erlebte ich das immer wieder. Und es war wohl nicht selten auch so etwas wie Spiritualität mit im Spiel, wie man das bei Naturvölkern häufig beobachten kann.

Wenn die Sonne durch die Baumwipfel scheint und die Laubfärbung beginnt, empfinde ich auch oft mehr als nur „Die Gedanken sind frei". Ich empfinde dann nicht selten - ganz entspannt - so etwas wie in diesem Vers beschrieben ist oder auch mehr, eine Anregung, die einer Botschaft gleichkommt. An anderer Stelle war von mir Ähnliches bereits geäußert worden [4]. Im tibetischen Lhasa hatte ich mich bei gleichem Anlass mit einem buddhistischen Pilger auch dazu ausgetauscht. Es gab da keinerlei Unterschiede in der Art des Empfindens sowie unserer Auffassungen dazu. Allein Besinnung war da angesagt

Die Preilipper Kuppe von Zeigerheim aus gesehen

An ihrem Fuße befindet sich Unterpreilipp und ein Teil von Schwarza. Im Hintergrund der Kulmberg.

Die Preilipper Kuppe – wie eine grüne Oase erhebt sie sich

Nur noch wenige Meter sind es von hier bis zu ihr und bis zur Spitze, dem Ende meiner Wandertour. Vor 50 Jahren, wegen der enormen Luftverschmutzung, undenkbar, solche Bilder zu erleben. Jetzt Erholung pur.

Dieses Schwarza, inmitten des Städtedreiecks Rudolstadt, Bad Blankenburg und Saalfeld und 1950 von Rudolstadt eingemeindet, dieses Schwarza, wie es viele von uns noch kennen oder kannten, gibt es heute nicht mehr. Seine einstige Romantik mit dem großartigen Schwimm- und Wellenbad, mit mehreren hübschen kleinen Gaststätten, mit dem Kulturhaus, den Kindergärten und dem Kino, musste im Laufe der Zeit - und vor allem nach der „Wende" - einer neuen weniger ansprechenden Realität weichen. Fragen nach dem Warum taten und tun sich da immer wieder auf. Und das wohl nicht nur bei mir.

Glücklicherweise wurde 2009 der „Drei Städte-Weg" eingeweiht, über den man entlang einer 52 km langen Rundwegstrecke auf die genannten Highlights stoßen kann. Über romantische Wegabschnitte mit Saalebogen und Sandsteinfelsen kann man dann auch die Heidecksburg in Rudolstadt oder die Feengrotten in Saalfeld aufsuchen und besichtigen.

Von den Organisatoren des geplanten Schwarzaer Straßentreffens wurde ich gebeten, eine Lesung zu meinen Büchern „Von Mauern geprägt" und vielleicht auch zu „Wider das Vergessen" zu halten, ganz wie es mir behagt. Und man hatte da vor allem auch „im Auge", dass dabei insbesondere ein Rückblick auf die Zeit der Kindheit und Jugendzeit in meinem, in unserem engeren Schwarzaer Wohnumfeld erfolgt. Beim Bemühen vielleicht noch etwas Neues über unser Wohngebiet von einst zu erfahren, „googelte" ich im Internet, wie das heute schon fast üblich ist und wie es die Kinder bereits in und außerhalb der Schule lernen. Und das galt vor allem dem Thema „Schwimmbad und Zellwolle", weil vielen von uns seinerzeit das dortige Wellenbad besonders ans Herz gewachsen war. Ich musste aber leider feststellen, dass ich dazu keine weiteren neueren Informationen erhalten konnte. Das, was ich vorfand, bezog sich dann im Wesentlichen auf meine Publikationen, wie es der folgende Internet-Auszug zeigt (vgl. auch [5]): *Manfred Klose* - 2013 - Biography & Autobiography. In der Zellwolle, später Thüringisches Kunstfaserwerk genannt, wurden 4500…in der Nazizeit, hatte ein Schwimmbad mit einem elektrisch betriebenen Wellenbad… D. h., im Internet gab es tatsächlich nur diese, meine Angaben, dazu dann allerdings noch einen Hinweis auf zwei verschiedene Postkarten mit Bildern zu diesem Bad [6, 7], die man käuflich erwerben konnte. Diese Aktion wurde aber inzwischen auch als beendet gemeldet. Das war dann schon alles.

Das Schwimm- und Wellenbad ist 1939 inmitten der Zellwolle AG, dem späteren VEB Thüringisches Kunstfaserwerk „Wilhelm Pieck" erbaut worden. Es geschah offensichtlich auch ergänzend zu der gleichzeitig, fast ausnahmslos für Werksangehörige, am Rande des Ortes in Richtung Bad Blankenburg gebauten Werkssiedlung, bestehend aus 220 Ein- und Zweifamilienhäusern, noch ohne Bad und WC, aber idyllisch im Grünen gelegen, mit vielen Gärten und Obstbäumen. Und das war leider auch ein Pendant zu der geringfügigen, aber doch im Werke vorhandenen Zwangsarbeit.

Bei dem stündlich erfolgten elektrisch betriebenen Wellengang wurden im Wellenbad bis zu 2 m hohe Wellen erzeugt. Für diejenigen, wie wir, die in den 8wöchigen Sommerferien fast täglich hier die Zeit verbrachten, war damit eine willkommene Abwechslung mit einem Heidenspaß gegeben. Man brauchte da keinerlei Form von Betreuung oder Organisation irgendwelcher Veranstaltungen und Spiele. Man musste nur als Badebesucher registriert sein, hatte dann eine unentgeltliche Badekarte, wenn die Eltern im Betrieb arbeiteten.

Und man hatte dann am Eingangstor der Zellwolle zu den bekannten Öffnungszeiten beliebig Eintritt. Aber auch der Einlass am entgegengesetzt liegenden Minnertor war für mich ohne Weiteres möglich. Da war es schon ausreichend, wenn ich dort etwa sagte, dass mein Vater in der nahe gelegenen Konditionierung arbeitet. All das war unkompliziert und einfach. Rückblickend betrachtet, einem Mythos gleichend.

Wellenbad und Schwimmbecken mit 50 m-Bahn [6]

Das Schwimmbad-Foto stammt aus den anfänglichen 60er Jahren. Auch aus dieser Zeit ist das rechts oben im Bild sich befindende größere Gebäude mit den aus der Nähe zu erkennenden Initialen CFK, für Chemiefaserkombinat stehend. In den Baracken am Ende des Bildes die Umkleide- und Dusche-Kabinen für Mädchen und Jungen. In ähnlicher Weise gestaltet war auch die Liegewiese (im Bild leider nicht zu sehen) links vom großen Schwimmbecken. In den Gebäuden links oben im Foto befanden sich die beliebte Werksküche und die Werksbibliothek.

In Letzterer konnte jedermann Bücher ausleihen oder auch in Patentschriften einsehen. Hier arbeitete auch meine Tante Liesel. Auf ihre Vermittlung hin habe ich da gelegentlich Patentschriften vom

Russischen ins Deutsche oder umgekehrt vom Deutschen ins Russische übersetzt. Das natürlich gegen Bezahlung. Es war damals so ziemlich das Einzige, wozu ich meine Russisch-Kenntnisse nutzbringend anwenden konnte. Mit jemandem Russisch zu sprechen, Konversation privat oder gar geschäftlich zu führen, war reine Illusion. Trotz alledem: Tante Liesel war von dieser, meiner Tätigkeit bei ihr sehr angetan und mir ging es ähnlich. Mit ihr war ich dann auch einige Male in der Werksküche zum Mittagessen. Das war damals schon etwas Besonderes. Zwischen zwei verschiedenen Essen konnte man auswählen: Zu 60 oder zu 80 Pfennig, je nach Qualtätsstufe oder auch nach Geschmack könnte man sagen. Drei Gänge waren es immer: Vorspeise, meist Suppe, Hauptgericht, in der Regel mit verschiedenem Fleisch oder Fisch und Nachspeise, Kompott oder Pudding. Alles recht appetitlich. Der Hunger tat ja ein Übriges. Das sogenannte „Intelligenz-Essen" stand für uns außerhalb jeder Diskussion. Es kostete 1,20 M und wurde in einem speziellen Restaurant-Raum in der obersten Etage des Hauses serviert.

Das „normale" Essen zu 60 oder 80 Pfennig wurde auch von der Werksküche mit großen Essenkübeln in den Kindergarten gebracht, der der Zellwolle oder später dem Chemiefaserwerk angeschlossen war. Häufig halfen dabei die Kinder des Kindergartens mit aus. Ich kann mich an solche Aktionen auch heute noch gut erinnern.

Gleich neben dem großen Schwimmbecken das Technik-Gebäude für das Wellenbad, worin sich die elektrisch betriebenen Schiebebleche zum Bewegen der Wassermassen, d. h. für die Erzeugung der Wellen des Wellenbades befanden. Der stündliche Wellengang wurde mit einem an der Außenwand des Gebäudes, nahe dem Treppenaufgang, befindlichen gut sichtbaren Schalter ein- und ausgeschaltet. Oben hatte dieses Gebäude gewissermaßen eine Sonnenterrasse mit Stühlen, gelegentlich auch mit Sonnenschirmen.

Dort hatten wir, die wir seit Jahren in den Sommermonaten fast täglich das Bad aufsuchten, einen bevorzugten Platz. Von hier aus konnte man das gesamte Bad überblicken oder auch ein Sonnenbad nehmen.

5m-Sprungturm und dahinter stehendes Technik-Gebäude mit Treppenaufgang zum Plateau für's „Sonnenbaden" [7]

Besonders interessant war zu beobachten, wenn unten im Wellenbad und im Schwimmbecken Fangspiele veranstaltet wurden, was neben den „normalen" Ballspielen vor allem beliebt war. Im Wellenbad, mit seinen oft starken und hohen Wellen, war das Fangen nicht ganz einfach und deshalb so reizvoll. Ich „tummelte" mich aber auch auf der Terrasse gerne herum, weil man von da aus einen tollen Blick in eine größere Ferne hatte. Preilipp und die beliebte Preilipper Kuppe kamen einem dann zum Greifen nahe vor.

Gasthöfe und Gaststätten - Flugplatzaktivitäten

Etwas ganz anderes, aber nicht weniger wichtiges, waren auch die kleinen schmucken Gaststätten im Ort. Sie befanden sich oft an ganz speziellen Punkten, dort, wo man täglich vorbeikam, auf jemand wartete oder jemand treffen wollte. Die meisten von ihnen lagen auf dem Weg zur Arbeit. Die kleine Mitropa-Bahnhofsgaststätte gehörte dazu, wo nach Beendigung der Arbeit, nach 16:30 Uhr, für die, die mit dem Zug nach Hause, etwa nach Rudolstadt fahren wollten, das Bier, dazu oft auch eine Bockwurst, in größerer Anzahl längst bereitstand.

Fast analog dazu die kleine Gaststätte von Albert Matz. Von vielen nur „Matzens Martha" genannt, nahe Minnertor, gleich hinter der Überquerung der Bahnschienen der Strecke vom Saale-Bahnhof Schwarza nach Bad Blankenburg und Saalfeld. Hier war es ruhiger. Sie war für eine schnelle Einkehr gedacht. Es konnte dann aber auch mal länger werden, denn bei „Matzens Martha" war es äußerst gemütlich. Es gab da allerdings auch nur wenige Plätze, vielleicht zehn, höchstens zwanzig.

Ähnliches galt für die „Traube", wo die Bahnhofstraße auf die Schwarzburger Straße trifft. Sie hatte ein Mehrfaches an Plätzen. Dort fühlte sich auch mein Vater bei einem Bierchen ganz wohl. Nicht selten holte ich hier für ihn eine Flasche Bier für zu Hause. Das war nichts Außergewöhnliches, war Teil des dortigen Services. Die Gaststätte war stärker frequentiert, war doch zentraler gelegen. Bushaltestelle und Post waren nur wenige Meter entfernt. In der „Traube" traf man sich nach dem Sport, oft auch am späten Abend. Der sich nahe des Eingangs befindende Schaukasten war ein beliebtes Informationsobjekt. Da konnte man alles erfahren, was mit dem Sport im Ort in irgendeiner Weise zusammenhing, etwa die

Mannschaftsaufstellungen oder auch die Spielberichte vom letzten Fußballspiel. Noch bevor ich die 1. Klasse besuchte, konnte ich mich hier im Lesen üben. Ich kannte ja die Spieler mit ihren Namen und wusste dann auch, welche Positionen sie in der Mannschaft einnehmen werden. Für mich war das spannend, vergleichbar mit einem Kreuzworträtsel. Ich fügte da Buchstabe für Buchstabe zusammen, bis ich die komplette Mannschaft „zusammenhatte". Das war dann des „Rätsels" Lösung. Ich lernte auf diese Weise zu lesen, ohne jeglichen Zwang. Auch über die der „Traube" angeschlossene Kegelbahn konnte man da einiges erfahren, auch wenn man dort die Kegel aufstellen wollte, um sich ein paar Mark zu verdienen.

Ganz anders der etwa ein km davon entfernte, an derselben Straße gelegene Gasthof „Zum Goldenen Löwen", unweit der „Nestler-Mühle" und der evangelischen Laurentiuskirche. Man konnte in ihm nicht nur gut speisen, man konnte dort auch Fernsehen, undzwar auch dann, vor allem auch dann, wenn Fußballspiele der DDR-Oberliga übertragen wurden. Das war für mich am allerwichtigsten. Man saß zusammen mit Gleichgesinnten, in gleicher Weise Fußball- Interessierten. Man konnte sich da - wie es ja auch heute in ähnlichen Situationen oft üblich ist - einander austauschen und miteinander diskutieren. Und manchmal auch nicht nur über Fußball. Vielen ging es da so wie mir. Zu Hause hatte man weder einen Fernseher, noch ein vernünftiges Radio. Dieser Gasthof war so für vieles die einzige Alternative. Er war auch einladend, weil man in ihm gut essen und dazu auch ein Bierchen trinken konnte. Bei den Fernseh-Anlässen allerdings bestand das Essen bei vielen, wie bei mir und auch anderen, oft Gleichaltrigen und meist Sportkameraden, nicht selten nur aus einer einfachen Brühe, manchmal mit und manchmal ohne Ei. Das war dann bereits häufig schon alles. Wir hatten jedenfalls einen schönen Sonnabendnachmittag oder auch Sonnabendabend. Und wir waren auch so willkommene Gäste.

Dem Gasthof angeschlossen war auch ein Saal für die Kirmesfeiern, für Tanz- und andere Veranstaltungen, oft auch mit einem traditionellen Hintergrund.

Geprägt von einem derartigen Hintergrund, sah und verstand ich auch das weithin bekannte Wappen am Eingang des Gasthofs, der 1744 von der Gemeinde gebaut worden war.

Auf dem später angebrachten Wappenstein steht das Jahr 1533 und die Umschrift G.G.Z.S., und das bedeutet, Graf Günther zu Schwarzburg, der in dieser Region herrschte, hat 1533 diesem Ort die Schankgerechtigkeit verliehen. Und diese Schankgerechtigkeit wurde 1612 durch Graf Ludwig Günther erneuert und vervollständigt.

Im unteren Teil des Wappens ist der Umrandungstext „Siegel der Gemeinde zu Schwarza" zu sehen, nebst schwarzem Rost im mittleren Teil des Siegels, was auf die Hinrichtung des heiligen Laurentius im Jahr 258, d. h. auf seine Verbrennung bei lebendigem Leib auf einem Rost, hinweist. Über dem Schwarzburgischen Löwen ist die unten genannten Inschrift, der Ritterhelm und das mit „Renovatum 1752" gekennzeichnete eingelagerte Band zu sehen, eine der letzten, und zwar 1752, am Wappen vorgenommenen Steinmetzarbeiten.

Oben im Wappen der heilige Laurentius, der bekanntlich die Hinwendung zu den Menschen, insbesondere auch zu Armen und Gebrechlichen, nicht das Beschenken der Obrigkeit und die Hinwendung zu Reichtum und Schätzen als Maxime seines Wirkens ansah.

Das Löwen-Symbol in der Mitte des Wappens könnte dieses Anliegen wohl zusätzlich unterstützen, und zwar dahingehend, die Fähigkeit zu vermitteln, sich auf das Wesentliche in seinem Leben mit aller Kraft zu konzentrieren, um so die vorgegebenen Zielstellungen kontrolliert erreichen und erfüllen zu können.

Die mit den im Wappen außerdem angegebenen Speisen, gekennzeichnet durch Brot und zwei Brötchen über dem Siegel und durch den Rost inmitten des Siegels, empfand ich immer als einladenden Hinweis, im Gasthof zu speisen. Sich dort ganz einfach entspannt niederzulassen, war dann nur noch ein kleiner Schritt.

Ähnlich wie die Zahl 1752 könnte die Zahl 1863, die das Bild von Laurentius rechts und links flankiert, auf eine Erneuerung des Wappens in diesem Jahr hinweisen, in Erinnerung an die glückliche Beendigung des schrecklichen siebenjährigen Krieges 100 Jahre zuvor. - Leider wurde dieser Gasthof 1994 geschlossen.

Das Wappen am Eingang des ehemaligen Gasthofs „Zum Goldenen Löwen" und das Siegel der Gemeinde Schwarza, wie man es in der Heimatstube in Schwarza sehen kann

Nicht anders war es um den Gasthof „Bremer Hof" bestellt. 1828 wurde er durch Friedrich Andreas Franke erbaut, der den Handel heimischer Produkte wie Holz und Brot bis nach Bremen ausdehnte und von dort dafür nach tagelanger Rückfahrt mit seinem Fuhrwerk vor allem Fisch und überseeische Produkte mit nach Schwarza brachte. Sein Sinn für diese Art von Kontakten auch außerhalb Thüringens - wenn auch noch recht bescheiden - hat ihn aber so doch auch zu größerem Vermögen gebracht.

Die zentrale Lage des Gasthofs an der Kreuzung der Handelsstraßen von Rudolstadt in Richtung Saalfeld und Bad Blankenburg war zusätzlich vorteilhaft für Logis und Unterkunft, für Kutscher und Fuhrwerke von außerhalb. Der Bremer Hof war deshalb zunächst ganz folgerichtig so etwas wie eine Kutscherkneipe, wo man auch herangeschafftes, nicht selbst gebrautes Bier konsumieren konnte. - Etwa 100 Jahre nach seiner Errichtung kamen noch Tanzsaal und Kegelbahn dazu.

Der Bremer Hof verfallen und ungenutzt. Kurz vor dem Abriss

Ich kann mich auch noch gut an die Zeit unmittelbar nach dem zweiten Weltkrieg erinnern, als er ein Sammelquartier für Flüchtlinge war, die etwa aus Schlesien oder dem Sudetengau kamen. So auch für uns, für mich, meine Mutter und meine Schwestern. Hier wurde man zunächst einquartiert. Das war die Regel. Und das galt dann auch nur für kurze Zeit. Anschließend erfolgte die weitere Verteilung. An manchen Tagen wurden auf dem Platz vor dem Bremer Hof auch Süßigkeiten abgeworfen. Ob per Auto oder per Flugzeug, blieb unklar. Jedenfalls war es für mich, damals nicht einmal vier Jahre alt, wie für viele andere, dann am wichtigsten, so viel wie möglich davon aufzulesen, denn das half über vieles hinweg.

Die Besonderheit dieses kleinen Ortes Schwarza wird sicherlich auch dadurch verdeutlicht, dass man sich hier - etwa wie im Falle Bremer Hof - wie kaum anderswo, nicht mit Althergebrachtem in seiner Geschäftswelt zufrieden gab, sondern sich auch um neue Betriebs-Felder und außerregionale Kontakte bemühte. Die seinerzeit gerade aufkommenden zusätzlichen Verkehrsverbindungen per Luft gehörten dazu, und als Folge dessen 1925 die Errichtung des Schwarzaer Flugplatzes. 1926 wurde er eröffnet und anschließend mit Linienflügen nach Leipzig, Dresden, Erfurt und Plauen sowie mit mehreren Postflugstrecken betrieben. Auf dem Flugplatz waren außerdem später noch zwei firmeneigene Verkehrsflugzeuge der Zellwolle A.G. Schwarza stationiert. Der Betrieb des Flugplatzes lief aber nur bis 1945, weil er wegen der zunehmend höheren Reichweiten der Flugzeuge, vor allem auch als Zwischenstopp-Landeplatz, zunehmend an Bedeutung verlor.

Das Kulturhaus Schwarza

Leider gibt es dieses Haus heute nicht mehr. Mit seiner Eröffnung 1953 spielte sich hier ein Großteil des kulturellen Lebens der Region ab. In seinem großen Saal konnte ich meine ersten Konzerte, Opern und Operetten erleben, in einem anderen Saal mit Gaststätte und Foyer Weihnachts- und Silvesterfeiern, Diskotheken und Tanzveranstaltungen. Andere Räume des Hauses waren für verschiedene Zirkel, das Arbeitertheater und das Volkskunst-Ensemble des Chemiefaserkombinats bestimmt.

Ehemaliges Schwarzaer Kulturhaus [8]

An Sonntagen zum Tanztee spielten die in der Region durch ihr Cello-Spiel bekannten Gebrüder Funke. Und man fühlte, dass ihnen das Freude bereitete. Ihr Auftreten war ganz unspektakulär. Wichtig war ihnen, wie es mir schien, diese Freude mit anderen zu teilen. So war es auch bei den katholischen Gottesdiensten an verschiedenen Festtagen, an denen ich ministrierte. Und das war gar nicht mal so selten. - Nicht zuletzt war ich über eines ganz besonders erfreut: Die Funke´s spielten auch bei meiner Hochzeit.

In Schwarza wurde auch der Grundstein dafür gelegt, dass ich später über Jahrzehnte Konzertanrechte in Dresden und Stuttgart besaß und auch moderne Musik mit und von Friedrich Schenker in Freiberg moderierte.

Ich erinnere mich auch an einen Opern-Besuch in diesem Haus. Es war Verdi´s Komische Oper „Rigoletto". Meine Mutter hatte das Werks-Anrecht für zwei Personen. Ich neben ihr in der sonntäglichen Abendvorstellung mit Beginn, wie üblich, 20 Uhr. Am Morgen desselben Tages hatte ich noch ein Fußball-Punktspiel bestritten, und ich war zur Abendzeit im abgedunkelten Saal spätestens nach dem zweiten Akt todmüde. Ich bekam da natürlich den Schluss dieses Aktes gar nicht mehr mit, die anschließende Pause hatte ich bitter nötig. Sie war gewissermaßen meine „Rettung". Im Foyer standen schon die Schulkameraden, vor allem aber auch die Schulkameradinnen, zum Gespräch bereit, wie das fast üblich war, damit wir uns über das gerade Erlebte etwas austauschten. Und das war spannend, denn das heutige Thema berührte uns ja irgendwie alle. Ich hatte gar nicht mitbekommen, dass in diesem Stück die Tochter von Rigoletto nicht wie von ihm angenommen, vom Herzog entführt wurde, sondern, dass sie sich vielmehr in diesen Herzog, zum Verdruss des Vaters, verliebt hatte. Aus dem Gesamtgeschehen leitete ich aber im Gespräch meine Version ab, wusste natürlich nicht, ob ich in meiner Phantasie da richtig lag. Am Ende war mein „Orakeln" sogar noch richtig. Ich musste ja den anderen nicht unbedingt zu verstehen geben, dass ich den Schluss dieses zweiten Aktes eigentlich verschlafen hatte. So etwas war eben auch möglich. Und all das geschah doch mit einer gewissen Gelassenheit, die ich mir manchmal auch heute noch wünschen würde. Letztendlich fanden wir uns jedenfalls alle in unserem Kundtun zu diesem Thema bestätigt und waren damit, wie auch mit dem Abend überhaupt, voll zufrieden. Ich glaube, dass wäre auch so gewesen, wenn ich mich oder vielleicht ein anderer sich geirrt hätte. Die gegenseitige „verborgene" Wertschätzung war wohl der Grund dafür.

Dann waren da noch die tollen Tanzveranstaltungen in diesem Haus. Schon beim Abgeben von Mantel oder Jacke an der Garderobe im Foyer wurde man mit einer Freundlichkeit begrüßt, die einen in eine wunderbare Stimmung versetzte und die oft den ganzen restlichen Abend anhielt. Das galt nicht nur für diese Veranstaltungen. Es galt genauso für Theater- oder Konzertbesuche. Es galt generell.

Der Grund dafür: Es war vor allem die Mutter der Schulkameradin H. die hier in der Garderobe tätig war und eine derartig positive Ausstrahlung besaß. Das war nur scheinbar wenig, tatsächlich aber war es etwas, was man nur schwer beschreiben kann, was aber viel bewirkte.

Zum jetzigen Jubiläumstreffen hatten wir, die wir zusammen am Tisch saßen, nur ganz kurz dieses Thema gestriffen. Vielen erging es ebenso wie mir: Die gleichen Erinnerungen und Empfindungen dazu, und das nach den vielen Jahren! Und das Besondere: Mit H. hatte ich im Kreise der Schulkameraden nicht nur häufig schöne Pausengespräche, wie etwa die obigen bei Rigoletto, sondern auch die schönsten Tänze in diesem Haus, ganz gleich, ob es dann ein Foxtrott oder Walzer war.

Das Straßentreffen und die Buchlesung

Wegen der kaum erwarteten großen Besucherzahl musste ich die von mir vorbereitete Lesung der Situation angepasst, spontan ändern. Ich hatte zu berücksichtigen, dass sich viele der Anwesenden lange nicht gesehen und sich so eine Menge zu erzählen hatten. Einen etwas längeren Text vorzulesen, wie es eigentlich auch üblich ist und von mir auch geplant war, hielt ich deshalb nun nicht für angebracht. Stattdessen kürzte ich ganz spontan das Vorgesehene deutlich und sprach die Anwesenden doch lieber direkt an. Das war zwar nicht so perfekt wie es andernfalls gewesen wäre, es war aber so vielleicht sogar bei der teilweise doch recht schwierigen Thematik „Von Mauern geprägt" oder „Wider das Vergessen" besser und auch nachhaltiger, weil es mehr durch die „innere Stimme" bestimmt war. Allerdings war das auch mit einer Menge zusätzlicher Emotionen verbunden. Ich war ja vor allem auch noch davon bewegt, dass mehrere Zuhörer an mich mit der Bitte herantraten, eine Widmung in meine gerade erst von ihnen gekauften Bücher zu schreiben. Damit hatte ich natürlich gar nicht gerechnet, tat es dann aber doch etwa fünfzehnmal und das auch sehr gerne. Viele von denen, die mich angesprochen hatten, kannten mich, meine Aktivitäten im Sport, in der Schule oder auch als Nachbar, kannten meine Eltern oder auch meine Geschwister. Von ihnen bekam ich nun noch zusätzlich Informationen, die mir teilweise völlig neu waren, die mich aber irgendwie bereicherten.

    Einer von ihnen sagte mir, er wohnte im zweiten Block, unmittelbar am Haus gelegen, in dem ich wohnte, dass er häufig vom Fenster aus mich im Garten beobachten konnte, wie ich den Ball jonglierte, fünfzig bis hundertmal mit Kopf, Schulter, Hacke, Spitze,

Knie und Spann, wobei ich auch versuchte, noch andere Kunststückchen einzubauen. Das gehörte auch beim offiziellen Fußball-Training im Verein in das Übungsprogramm. Und hier zu Hause versuchte ich es eben auch. Vor allem, weil es Spaß machte, die freie Zeit ein wenig damit auszunutzen. Wollte so auch etwas meine Technik trainieren und sie natürlich auch verbessern. Denn ich spielte ja leidenschaftlich gern Fußball und wollte natürlich - wie viele andere - etwas unter Beweis stellen. Der Nachbar war vielleicht fünf oder auch noch mehr Jahre jünger als ich, und es war deshalb kaum verwunderlich, dass ich ihn nicht kannte. Man hatte schon eher sein Augenmerk auf die Älteren gerichtet. Denn es war ja etwas Besonderes, wenn man im Verein in der Mannschaft der älteren Spieler auch mal zum Einsatz kommen konnte.

Mehr als 50 Jahre hatte ich Heinz Lorenz nicht mehr gesehen. Mit m spielte ich bei Chemie Schwarza in der Jugend- und Junioren-Mannschaft Fußball. Wir „kickten" aber auch außerhalb dessen, im Umfeld, wo wir wohnten - überall dort, wo es sich nur irgendwie anbot. Ähnliches gilt für Wolfgang Schulz. Er war beim „60." dabei. Wir waren uns aber auch schon bei früheren Schultreffen begegnet.

Fußball zu spielen, musste nicht komfortabel sein. So wie in den anliegenden Bildern zu sehen bei einem Turnier an der Kriebstein-Talsperre nahe Waldheim in Sachsen. Es gab da keine besonderen Umkleidekabinen und wie übernachteten in Zelten. Es war ganz einfach und schön. Mancher der ehemaligen Junioren von Chemie Schwarza wird sich da sicherlich wiedererkennen.

Das CFK förderte diese Aktivitäten beispielhaft, etwa die Busfahrten und Betreuung der Mannschaften. Eine für alle schöne und nützliche Zeit, auch für die Zukunft eines jeden. Das wurde mir aber erst viel später so richtig bewusst, als ich erfuhr, welchen erfolgreichen Weg der eine oder andere eingeschlagen hatte.

Heinz und Wolfgang - die beiden „alten Haudegen" - mehr als 50 Jahre nach gemeinsamer „Fußball-Zeit"

Das Schicksal wollte es auch, dass bei diesem Treffen im „Nemo" - mir unmittelbar gegenüber Peter U. mit seiner Frau saß. Er frug mich, nachdem wir uns einander vorgestellt hatten, ob ich auch Verwandte in Schwarza hatte oder noch habe, denn er kannte jemanden mit gleichem Namen. Ich bejahte das natürlich. Und er, wir hatten uns auf das Du und die Vornamen geeinigt, weiter: „Ich hatte in der Schwarzaer Grundschule einen Lehrer, namens Klose. An ihn kann ich mich noch gut erinnern." Ich daraufhin: „Das war wahrscheinlich mein Vater. Er war zu jener Zeit Lehrer in Schwarza." Beim Austauschen von Klassen-Fotos bestätigte sich auch diese Vermutung: Mein „Gegenüber" war Schüler einer Klasse, von der mein Vater auch noch der Klassenlehrer war. Und P. sagte weiter, dass für ihn, die Art meines Vaters Unterricht zu halten, doch sehr interessant war. Vor allem auch, weil er im Umgang mit den Schülern, die den Unterricht störten, Konsequenz und viel Zivilcourage zeigte, woran es den Lehrern heute - wie es scheint - oft mangele. Er selbst habe das am eigenen Leib erfahren können und fand das - vor allem auch im Nachhinein - wirklich gut. Für ihn war mein Vater, wie er sich ausdrückte, jemand, der ihm viel gegeben hat, vor allem für sein späteres Leben und so auch für seine Familie. An Lehrertagen, als mein Vater bereits längst aus dem Schuldienst ausgeschieden war, besuchte er ihn auch deshalb mit anderen ehemaligen Schülern in unserer Schwarzaer Wohnung, um ihm einen Blumenstrauß als anerkennenden Dank zu bringen. Das gemeinsame lockere Gespräch, meist von meinem Vater ein wenig improvisiert, war dann für alle das Wichtigste. Ein kleines unterstützendes Getränk, Saft oder einfach nur Mineralwasser, durfte dabei aber auch nicht fehlen. Das zu besorgen, war dann oft mein Part. Und ich tat das gerne.

Nachhhaltig bei P. vor allem auch das Folgende: Montags, die erste Stunde der Woche, begann der Unterricht mit einem Lied, das mein Vater vor der Klasse den Schülern auf der Geige vorspielte. Das war für ihn etwas, das für den Unterrichtserfolg und die schulische Bildung nutzbringend sein konnte, ein Teil seines pädagogischen Selbstverständnisses. Ich höre heute noch die Worte des Direktors der Schule bei der Trauerfeier zum Ableben meines Vaters: „Solch einen Pädagogen hatte die Schule noch nicht und wird sie wohl auch nicht wieder bekommen." Ich war zwar gerührt davon, hatte das damals aber nur so hingenommen. Heute, mit dem deutlichen zeitlichen Abstand, ist mein Verständnis für diese Worte ganz anders, tiefer. Habe all das jetzt ganz anders eingeordnet, und es macht mich nachträglich doch etwas stolz, wenn ich an meinen Vater denke.

Damals hatte ich manches noch ganz anders empfunden. Mein Vater erschien mir als viel zu streng und oft auch etwas gegenwartsfremd. Vielleicht war seine mir oftmals als „überstreng" erscheinende Haltung auch eine Folge seines vorangegangenen Lebens: Gerade mal 17 Jahre alt, wurde er kurzfristig, vor Ende des ersten Weltkrieges, noch eingezogen und war anschließend in französischer Gefangenschaft. Später, nach etwa zehnjähriger beruflicher Tätigkeit als Lehrer begann der zweite Weltkrieg, und er wurde wieder eingezogen. Erst viele Jahre danach, im Jahre 1948, war das Ende dieser schrecklichen Zeit erreicht, seine Heimkehr zur Familie nach Schwarza aus russischer Kriegsgefangenschaft. Das alles, ohne zu wissen, weshalb und wofür. Er musste vieles hinnehmen und danach - auch psychisch bedingt - einfach „wegstecken". Wir sprachen auch niemals darüber. Mit der Zeit lernte ich viele ähnliche Beispiele kennen. Und für viele Verhaltensweisen habe ich heute mehr Verständnis und mögliche Erklärungen als damals.

Eine besondere Story war sicher auch jene, die ich meinem „Gegenüber" erzählte: „An verschiedenen Samstagnachmittagen war ich in der Klasse meines Vaters, um die Vorbereitung seines Zeichenunterrichts am folgenden Montag mitzugestalten. Zu diesem Zweck malte ich auf die Rückseite der Klassen-Tafel, jene Bilder mit Kreide, die er für den Zeichenunterricht brauchte. Er musste dann nur noch die Tafelseite umdrehen, was ja völlig problemlos war, und die dann für alle Schüler gut sichtbaren fertigen Bilder erklären. Und außerdem dazu, was sie in ähnlicher Weise malen sollten. Mein Vater, der malen überhaupt nicht konnte, keinen geeigneten Strich, geschweige ein Bild auf das Papier brachte, brauchte dann nur noch Details dazu verbal beschreiben und erläutern. Daran anknüpfend - und das beherrschte er ja auch sehr gut - regte er die Schüler an, möglichst auch ihre eigenen Ideen und Phantasien beim Malen einzubringen."

1962: Mein Vater mit seiner 3. Klasse

Mehr als dreißig Schüler in einer Klasse, wie hier am Eingang der 1903 erbauten „Roten Schule" in Schwarza , waren in dieser Zeit die Regel. Disziplin und „zünftige Kleidung" waren da (und nicht nur beim Fototermin) angesagt. Für viele Schüler gehörte das Pionierhalstuch auch dazu. Es zu tragen war bei derartigen Anlässen etwas Normales und musste nicht extra in den zehn Geboten, die für die Pioniere galten, abverlangt werden. Und mein Vater hier im Bild - wie auch sonst: Stattlich, streng sich seiner bewusst. Man konnte sich des Eindrucks nicht verwehren: Er wusste, was er wollte.

1952: Meine 4. Klasse mit Lehrer Mohr

Zehn Jahre zuvor, das von mir im gleichen Alter Erlebte. Wie im Bild zu sehen, war das doch noch deutlich anders. Die Klassenstärke war zu dieser Zeit noch etwas geringer, die Kleidung auch viel legerer. Der Klassenlehrer trug in der Regel keinen Schlips. Und das Pionier-Halstuch zu tragen, war da auch nicht aktuell. Alles war noch viel „lockerer". Der Lehrer mit kurzen Hosen, und wir sitzend auf den Eingangsstufen der Schule in der ersten Reihe, nichts Außergewöhnliches. Einige von uns mit Sandalen, andere barfuß. Ich, der vierte von rechts in der ersten Reihe, war häufig schon in den ersten Mai-Tagen barfuß in die Schule gegangen. Ganz gleich wie das Wetter war. Und das galt nicht nur für mich. Das Schuhwerk war ja relativ teuer. Ich hatte nur ein Paar Schuhe, wie viele andere auch. Zu meiner Rechten einer, mit dem ich mich besonders gut verstand.

Selbst nach mehr als 50 Jahren - zum 50. Schuljubiläum – erinnerte sich der Klassenlehrer an dieses „Gespann", an uns beide und frug mich, ob ich vielleicht Kontakt zu meinem damaligen Kompagnon Jochen Suchanek hätte und ob ich weiß, wie es ihm geht. Es war etwas, was mich bewegte, etwas nicht Alltägliches. Und vielleicht hilft das Bild diese Frage zu beantworten. Schön wär's.

Das Jubiläumstreffen meines Schuljahrgangs und Rückblicke

2006 - zehn Jahre zuvor - das 50. Jubiläum der Wiederkehr des Schulabganges, meines Schuljahrganges 1948/56: Mehrere unserer einstigen Lehrer sind auch dabei. Sie sind zugegen bei den Feierlichkeiten in der Laurentiuskirche und auch danach beim festlichen gemeinsamen Essen. Einige Festreden sind angesagt. Ich gebe einen Bild-Rückblick zu unserer Schulzeit vor mehr als 50 Jahren. Wochen zuvor hatte ich mit Eva Kohlstedt, damals Hoffmann, verschiedene Lieder für diesen Tag geschrieben und diese dann auch mit ihr ergänzend vorgetragen. Die ehemaligen Klassenkameraden wurden dabei noch zusätzlich mit einbezogen. All das - wie ich meine - sehr schön, dem besonderen Tag auch angemessen.

Ich erinnere mich heute noch an das Zustandekommen der Lieder: Die damalige Fräulein Hofmann war eine großartige Musik- und Deutsch-Lehrerin an unserer Schwarzaer Schule. Bei Wandertagen durfte die Gitarre bei ihr nicht fehlen. Das gemeinsame Singen beim Wandern war dann auch etwas ganz Normales.

Und nun, vor dem „50." war manches etwas anders. Wir waren ja auch viel älter, aber das spielte jetzt keine Rolle. Jetzt texteten wir am Telefon miteinander, ca. 400 km entfernt voneinander, sie vom Eichsfeld aus, ich von Stuttgart aus. Oft noch spät abends nach 8, 9 Uhr und brachten da alles, d. h. Text und Melodie, mühsam auf einen Punkt, Schritt für Schritt - unvergesslich. Wie Teenies freuten wir uns dann über jeden Fortschritt. Trotz alledem: Humor und Spaß fehlten nicht. So etwa nach dem Zitat (in Anlehnung an Robert Burns, Schottland), das sie mir da u.a. zugesandt hatte:

Die Sonne sinkt, es steigt die Nacht,
vergangen ist der Tag.
Die Welt schläft ein, und leis' erwacht
der Nachtigallen Schlag!
  Refrain:
Der Himmel wölbt sich übers Land,
Ade, auf Wiedersehn.
Wir ruhen alle in Gottes Hand,
Lebt wohl, auf Wiedersehn.

  Oder: Textausschnitt aus ihrer Sicht als Lehrerin:
Die Schüler, freundlich-kritisch, lernten gern.
Es sah ja damals keiner Fern!
Die Schule, Lehmgrube, Wellenbad und Sport,
da trieb's uns (Anm. Lehrer) hin in einem fort.
Da fanden wir (und ihr - Anm. Schüler), was wichtig ist,
viel Freundschaft, die man nie vergisst!

  Und weiter zitierte sie:
Schwarza war unser Schicksalsort.

*Gemeinsam gingen wir hier fort
und hielten durch so manch' Jahr -
auch als ein ungewöhnlich Paar.*

Es war für mich erstaunlich und überraschend, wie diese Lehrerin vieles genauso empfand wie wir, die damaligen Schüler (unserer Texte, ihre und meine Texte betreffs Schule, Lehmgrube etc. waren nicht abgesprochen und doch fast deckungsgleich, wie wir das im Nachhinein feststellten).

Für mich faszinierend und beeindruckend, wie sie ihr „Ego" einordnete, ja gewissermaßen zurückstellte, und jede Art von „Schauspiel" dabei ausschloss.

Ein Wandertag vor mehr als 60 Jahren: Schulkameraden mit den beiden großartigen Lehrern der Schule, mit Fräulein Hofmann und Herrn Grahnert. Beide waren nicht nur Deutschlehrer, die auch eine Menge von Musik verstanden, nein, sie machten selbst auch Musik. Beide leiteten Chöre und spielten auf Instrumenten, sie auf der Gitarre (hier trägt sie diese am rechten Arm, wie üblich, beim gemeinsamen Wandern), er auf dem Klavier, begleitend oder auch solo.

Beide streng und ambitioniert bei Chor-Proben. Da musste es am Ende stimmen, perfekt und präzise musste es dann sein.

Herr Grahnert war mein Klassenlehrer in den letzten Jahren der Grundschule in Schwarza. Von ihm bekam ich auch später die Noten für die musikalische Begleitung bei meiner kirchlichen Trauung. - Im Deutsch-Unterricht hielt er sich nicht an ein stur vorgegebenes Unterrichts-Schema der Wissensvermittlung. Da kam es schon mal vor, dass er, wenn er es als sinnvoll und für angebracht hielt, auch einen Schwenk zu einem ganz anderen Stoffgebiet machte. Und so konnte es dann geschehen, was heute schwer nachvollziehbar ist, dass er ganz spontan erklärte, wie etwa die Klingel im Haus, mit der ja jedermann täglich zu tun hatte, funktioniert. Ich glaube, er wollte damit auch nur die Aufmerksamkeit der Schüler herausfordern, wecken für Dinge, die oft nicht voraussehbar sind, wie das ja häufig im Leben geschieht und auf die man dann doch in irgendeiner Weise reagieren muss. Denn seine Devise war vor allem: Lebensnah sollte der Schulunterricht sein. Ein kurzer abweichender Exkurs konnte manchmal nicht schaden, wenn damit eine vertretbare Auflockerung des ansonsten möglicherweise doch zu „trockenen" Unterrichtsstoffes erreicht wurde. Und wenn dann vielleicht auch noch das Interesse der Schüler für das Eigentliche, oft weniger Spannende, geweckt wurde, war die pädagogische Zielstellung mehr als erreicht. So hatte ich das jedenfalls damals verstanden.

Oder auch: In einem anderen Zusammenhang frug er mich im

Deutsch-Unterricht, und das trotz Deutsch-Unterricht, wissend, dass es im Fach Russisch Probleme gab und verschiedenen Mitschülern es offenbar auch schwer fiel, russische Vokabeln zu lernen und vor allem auch zu behalten, wie ich es mache und schaffe, mir diese Sprache so gut anzueignen, wo jede Vokabel und auch die Grammatik „saß". Ich durfte dann, man kann fast sagen „selbstverständlich", einem „seiner Freunde", die er sich besonders ins „Gebet" genommen hatte, auch Nachhilfe-Unterricht geben. Das wiederum „natürlich zum Nulltarif". Ich tat das auch, und es funktionierte, sodass der Betroffene, namens Peter D., am Ende eine Note in diesem Fach erhielt, die nicht zusätzlich seine Versetzung gefährdete. Allein das war wichtig. Wir beide, wie auch Herr Grahnert, waren damit am Ende mehr als zufrieden.

Rückblick: Das Treffen und die Begrüßung zu Beginn des 50. Schul-Jubiläums vor dem Eingang der Sant Laurentiuskirche

Zum Foto-Termin vereint: Der evangelische und katholische Pfarrer, die ehemaligen Lehrer Mohr, Kohlstedt sowie die einstigen Schulkameraden. Keiner hätte da an irgendwelche Konfessionen gedacht. Wir sind heute hier, nur das war wichtig

Im Vergleich zum 50. Jubiläum war jetzt zum „60." alles etwas bescheidener. Die Lehrer von einst fehlten, und es gab da auch keinen Kirchenbesuch und keine festlichen Reden. Irene, die das „50." wie auch alle übrigen Treffen im Wesentlichen organisierte, war jetzt nicht dabei. Monate zuvor war sie schwer erkrankt. Ich erinerte bei unserem jetzigen Zusammensein nur daran, dass solche Treffen, wie auch dieses, keine Selbstläufer waren und sind und dankte mit wenigen Worten den Organisatoren.- Ilse, deren Familie nicht weit von meinem einstigen „Zuhause" wohnt, überraschte jeden Anwesenden mit einem kleinen schön gestalteten Päckchen. Ich hatte den Eindruck, dass ihre positive Ausstrahlung im Laufe der Jahre immer mehr zugenommen hatte. So auch jetzt. Jedes einzelne Päckchen war von ihr mit verschiedenen Motiven liebevoll versehen worden. Bei mir waren es Designer-Kleidungsstücke, die auf der Verpackung zu sehen waren, bei den anderen war es wieder etwas ganz anderes. Man war gespannt, was sich wohl dahinter verbarg. Spätestens nach ihrem Öffnen zu Hause wusste es jeder: In jedem Päckchen war ein wunderschöner in Handarbeit angefertigter faltbarer Stern zum Aufhängen. Ein Stern, für mich immer schon ein Zeichen für eine vermittelnde Brücken-Funktion und für Licht. Letzteres war es auch, was mich schon Tage zuvor beschäftigte. Ich hatte den Song „Fang das Licht" mit Karel Gott, auf mein iPad geladen und wollte ihn in meine Dankesworte an die Organisatoren einfließen lassen. Irene strahlte ja bei ihren Organisationsbemühungen auch immer positiv aus. Ich sah den angefertigten Stern, gewissermaßen als ein Signal, empfand das von ihm möglicherweise ausgehende Licht. Und so dann auch die Assoziation mit dem Song, der mir so gut gefiel. Ich fragte mich: Gibt es vielleicht doch so etwas wie eine Fernwirkung der Gedanken in Anlehnung an die des Öfteren zu hörenden Worte der Gedankenübertragung, wie „Man kann seine Gedanken lesen". Nun, da Irene fehlte, fehlte mir aber auch die Motivation, den Song in Verbindung mit meinen wenigen Worten zu präsentieren, ließ es deshalb bei Letzterem bewenden.

Und schließlich sollte es ganz anders kommen. Brigitte, Irenes Freundin, die aus Rostock zum Jubiläumstreffen angereist war und bei ihrer Schwester in Rudolstadt übernachtete, frug mich nach dem Abendessen dieses Jubiläumstags, ob ich sie vielleicht mit dem Auto nach Rudolstadt mitnehmen könnte, denn sie wusste, dass ich dort im Thüringer Hof übernachte. Sie wollte gern, wenn das möglich wäre, auch Irene, die für einige Tage, weg von der klinischen Betreuung, zu Hause war, kurz besuchen. Nachdem wir uns nach einem erfüllten Tag von den Klassenkameraden verabschiedet hatten, ging's schließlich auf zur Fahrt nach Rudolstadt. Kurz vor Ankunft bei Irenes Haus, sagte ich Brigitte noch, dass ich den Song von Karel Gott mit Darinka „Fang das Licht" auf dem iPad installiert habe. Vielleicht. könnte man ihn jetzt bei Irene - gewissermaßen als ein Dankes-Ständchen - abspielen. Dort angekommen, klingelten wir bei ihr, ihr Mann öffnete uns und hieß uns willkommen. Auch, dass das Ständchen gespielt wird, fand er gut. Wir erzählten kurz von dem Jubiläumstreffen. Ich dankte Irene nochmals für ihre vielen Bemühungen um das Zustandekommen dieser Treffen über die vielen Jahre hinweg, drückte dann auf die Einstell-Taste des iPads und der Song erklang:

„Fang das Licht von einem Tag voll Sonnenschein,
halt es fest, schließ es in deinem Herzen ein,
heb' es auf, und wenn du einmal traurig bist,
dann vergiß nicht, daß irgendwo noch Sonne ist."

Am liebsten hätten wir da alle mitgesungen. Es war so etwas wie ein Synonym für das, was wir empfanden, und ich hoffte, dass das auch bei Irene vielleicht positiv nachwirkt. Der kurze, aber uns sehr bewegende Besuch, der allen Freude bescherte, war dann auch nach wenigen Minuten wieder zu Ende. Mehr wäre jetzt ja vielleicht auch zu viel gewesen. Ich sagte Irene noch „Toi, toi, toi für die nächste Zeit" und „Auf Wiedersehen beim nächsten Klassentreffen". Auch Brigitte verabschiedete sich. Sie wollte am folgeden Tag noch einmal vorbeischauen, was ja mit Irene auch abgesprochen war.

Und ich fühlte im Nachhinein, was man vielleicht auch nicht vergisst: Der Auslöser dafür war vielleicht der Stern, den Ilse an diesem Abend jeden Klassenkameraden geschenkt hatte. Eine scheinbar kleine Geste, die aber - wie so oft im Leben - möglicherweise vieles bewirken kann.

Von mehreren beim Jubiläumstreffen anwesenden ehemaligen Klassenkameraden und Teilnehmern des Straßenfestes erhielt ich inzwischen viele Bild- und Textdokumente, die unterstützend wirken, über Vergangenes und Gegenwärtiges „unserer Region Rudolstadt-Schwarza" möglichst umfangreich zu schreiben. Kleine Geschichten sollten da auch nicht fehlen. Schon jetzt ist man darauf gespannt, gespannt vor allem auf das möglichst baldige Zusammentreffen in den „Schwarzaer Gemäuern" und natürlich auf die dabei vorgesehene neue Lesung. Und mir geht das ebenso.

Intentionen durch Historie und persönliches Umfeld

Nur wer die Vergangenheit kennt, hat eine Zukunft", so Wilhelm von Humboldt vor etwa 200 Jahren zu einem Thema, dass in der Geschichte mehrfach zitiert wurde, mit dem sich auch bereits Konfuzius, August Bebel und Johann Wolfgang von Goethe beschäftigt hatten. - Die damit verbundenen Fragen waren nicht zuletzt auch von Bedeutung im Zusammenhang mit der Wende in Deutschland.

Hans-Friedrich Bergmann [9] hat das dann etwas erweitert, und meiner Meinung nach, durchaus treffend in seinem 1989 erschienenen Buch „Ossi" formuliert: „Wer die Vergangenheit nicht kennt, kann die Gegenwart nicht verstehen und die Zukunft nicht gestalten." In ähnlicher Weise hatte sich auch am 1. Juli 1995 der damalige Bundeskanzler Helmut Kohl in seiner Bundestagsrede zur Geschichte der Vertreibung und Aufarbeitung dieses historischen Phänomens geäußert.

Nach Meinung des Autors ist es sicher ein besonderer Glücksumstand, und vielleicht kann das auch als eine besondere Form von menschlichen Verantwortung bezeichnet werden, dass der Mensch bereits in der Gegenwart in der Lage ist, rückbesinnend Fehler der Vergangenheit zu minimieren und dadurch vielleicht für Zukünftiges auszuschließen oder dass er rückbesinnend vielleicht auch die Mentalität anderer Menschen besser versteht.

Das geeignete Umfeld ist da sicherlich ganz wichtig, was vor allem das Menschliche einschließt, das heißt die Kontakte zu Bekannten und Freunden. Und dazu gehört wohl auch eine vertraute Umgebung, mit ihrer Natur, ihrer Geschichte und Kultur. Es ist das, was, wie ich meine, auch einen Großteil der Heimatverbundenheit ausmacht, was einem häufig auch den notwendigen Rückhalt gibt, manchen Anforderungen des Alltags erfolgreicher zu begegnen, aber auch gelegentlich ein Heimweh verspüren lässt, wie das der Rudolstädter Heimatdichter Anton Sommer in seinen Gedichten oft beschreibt.

Nicht der Verlust des gewohnten Umfelds ist dabei in erster Linie gemeint, der bei fehlender persönlicher Reife – vorwiegend im Kindesalter - nicht selten in nostalgischem Verhalten und Leidensdruck ausufert, gemeint ist dabei vor allem auch die damit verbundene Wertschätzung des „Zuhause", was in der Ferne zusätzliche Kräfte des Einzelnen mobilisieren kann..

All das war auch das Leitmotiv für „Wider das Vergessen" [5], des gleichnamigen Buches des Autors, das kurz und auszugsweise beim ersten Straßentreff dieser Region vorgestellt wurde. Natürlich war das auch ein Thema beim tags darauf stattgefundenen 60. Jubiläumstreffen des Autors. Von großartigen Menschen, ehemaligen Klassen- und Sportkameraden, Wohnnachbarn und Freunden umgeben, wurde ich bei diesen Treffen, zunächst ganz unbewusst, zu dem vorliegenden Buchtitel über die Menschen und die Geschichte dieser Region, mit ihren Hoffnungen, Wünschen und Problemen angeregt. Emotionen wurden da natürlich auch geweckt, wie das wohl nur sein kann, wenn man mit Menschen wieder zusammentrifft, die man so viele Jahre nicht gesehen hat, Menschen, die einem zudem viel bedeuteten. Ganz gleich, ob das - wie jetzt - Heinz, Wolfgang, Jürgen, Bernd, Renate, Brigitte, Emmile oder Bärbel waren. Ihnen erging das ebenso. Uns verbanden und verbinden gleiche oder ähnliche Gedanken, Gedanken, so wie ich sie hatte. An so etwas hatte ich zuvor überhaupt nicht gedacht. Inzwischen aber wurden mir von ihnen, ergänzend zu Gesprächen, verschiedene, im Buch teilweise verwendete Text- und Bilddokumente zugesandt.

Ansiedlungen und Entwicklungen in der Region – Prägende Persönlichkeiten

Ich glaube, es kam nicht von ungefähr, dass sich schon vor mehr als 1000 Jahren Menschen verschiedener Herkunft von dieser Region, wo Saale und Schwarza zusammenfließen, angezogen fühlten. Diese Region hatte für sie einen besonderen Reiz. Schwarza und Saale hatten da bereits Berge aus Muschelkalk, Schiefer, Buntsandstein und auch Heide-Talgründe durchquert.

Die Menschen, die sich hier niederließen, waren vor allem Kelten, Hermunduren, Slawen und Franken.

Die Kelten waren vor etwa 3000 Jahren aus den asiatischen Steppen nach Europa gezogen und hatten sich zunächst nördlich der Alpen bis nach Ostfrankreich angesiedelt. Die Hermunduren, ein germanischer Volksstamm, war zunächst am Oberlauf der Elbe beheimatet und siedelte auf römischen Befehl hin in das Main-Gebiet über. Die Slawen kamen aus einem Gebiet nördlich der Karpaten und östlich der Weichsel und die Franken aus ihrer Ursprungsregion, dem elbgermanischen Main-Gebiet. Diese Menschen gründeten in dieser für sie neuen Region Siedlungen, die zu einem großen Teil an den Steilhängen und Terrassen des Saaletals gelegen waren. Die reizvolle Landschaft mit Obst- und Gemüsekulturen, mit vielen Wasserwegen und den reichhaltigen Holz- und auch Erzvorkommen bildete gute Voraussetzungen für eine erfolgreiche wirtschaftliche Entwicklung.

Gelehrte, Schriftsteller und Musiker, wie Arthur Schopenhauer, Johann Gottlieb Fichte, Wilhelm von Humboldt, Johann Wolfgang von Goethe, Friedrich Schiller, Franz Liszt, Richard Wagner, Friedrich Fröbel lebten oder begegneten sich in dieser thüringischen

Region und trugen ganz wesentlich zu ihrer kulturellen Prägung bei. Und es steht sicher auch außer Frage, dass es nicht allzu viele Landstriche auf unserem Kontinent gibt, die in dieser Zeit eine vergleichbare kulturelle Vielfalt besaßen. Allein das ist Grund genug, alles dafür zu tun, das zu bewahren.

Schopenhauer vollendete hier nach der französischen Revolution seine bekannte Idee „Neue französische Constitution", von Fichte erschienen die nach Kant wohl bedeutendsten Dokumente zur idealistischen Wissenschaftslehre und durch Fröbel wurde die „Allgemeine Bildungsanstalt" ins Leben gerufen.

Schiller verbrachte hier oft die Sommermonate, wohnte da im Hause seiner späteren Ehefrau Charlotte von Lengefeld, in dem jetzigen nach ihm benannten Schillerhaus, und traf sich dort mit Goethe. Dieser leitete auch von 1793 bis 1803 das kurze Zeit zuvor gegründete Theater „Komödienhaus am Anger", wo auch Schillers Trilogie „Wallenstein" in Gegenwart des Dichters erstmals vollständig aufgeführt wurde.

Nicolo Paganini gab hier 1829 auch ein eindrucksvolles Gastspiel. Ein Höhepunkt des damaligen schon intensiven Rudolstädter Konzertlebens mit einem glanzvollen Dirigat des weit bekannten Hofkapellmeisters Maximilian Eberwein.

Diese Zeit des 18./19. Jahrhunderts war eine kulturelle Blütezeit am fürstlichen Hofe Schwarzburg-Rudolstadt mit dem Residenz-Schloss Heidecksburg, wo man alles versuchte, dem benachbarten Weimar nicht nachzustehen.

Bei einer derartigen Kultur- und Regionalgeschichte war es nicht verwunderlich, dass sich die Menschen, die hier wohnten, auch wohlfühlten. Man verstand es, wie kaum anderswo, wenn man mal nicht schaffte, sein Leben entsprechend aufzubauen, es zu genießen, um sich so auch eine ausreichende Distanz zu lästigen Alltagsproblemen zu verschaffen. Heute weiß man, wie wichtig so etwas ist, eine ausreichende Reproduktion und damit körperliche und geistige Fitness zu gewinnen, um nicht zuletzt auch möglichen psychischen und physischen Probleme bei auftretenden Schwierigkeiten, die heute mehr denn je um sich greifen, entgegnen zu können.

Meine langjährigen Erfahrungen als Physiker in der Hochtechnologie, Lasertechnologie, Luft- und Raumfahrt unterstützen das nur allzu sehr. Ganz zu schweigen von den dafür häufig abverlangten notwendigen schöpferischen Fähigkeiten, die nicht beeinträchtigt, sondern vielmehr weiterentwickelt werden sollten. Und dass sie möglichst immer abrufbar sind, darauf musste man sich einrichten. Die dafür erforderlichen Freiräume für diese Grundelemente inclusive sportlicher und kultureller Betätigung in einem gediegenen Umfeld zu schaffen, war eines meiner Hauptanliegen.

Auch ein regionales Umfeld, ähnlich dem dieser thüringischen Region, schien mir dabei immer beachtenswert und nützlich zu sein. Hier verstand man es neben intensiver anspruchsvoller Arbeit auch, wie kaum anderswo, zünftig zu feiern. Die hiesigen Vogelschießen und Volksfeste, an die ich mich sehr gern erinnere, waren und sind bekannt dafür. Gleiches gilt für die den Thüringern nachgesagte Heimatverbundenheit, Hilfsbereitschaft und familiäre Zusammengehörigkeit. Insgesamt sicherlich Tugenden, die auch für den täglichen Broterwerb und für die Entwicklung einer tragfähigen Industrie sehr nützlich waren und auch weiterhin natürlich nützlich sind. Auch ein schmackhaftes Essen wurde bei den Thüringern seit eh großgeschrieben. Exotisch sollte es möglichst außerdem noch sein. Das galt vor hundert und mehr Jahren und ist auch heute noch so.

Eberhard Weiland skizziert das in „Dr. Thüringer und de Gastronomie" [10] treffend:

Dr. Thüringer denkt, wenn´s Gespräch off´s Essen kommt, natürlich zuerst an seine Thüringer Klöße un de heeßgeliebte Thüringer Rostbratwurscht. Aber für die Bratwurscht braucht´r keene Knepe, die nimmt´r gleich vom Rost weg off de Faust, un wenn hallwegs noch ä kühles Bierchen in dr. Nähe is, de hab´n se zusammen alle beede keene große Überlebenschance."

Und wen nimmt es wunder, wenn bei gemeinsamer Speis´ und Trank auch die Zunge etwas lockerer wird und man in der jeweiligen Mundart spricht, wenn man das kann. - Ich glaube, dass wohl kaum sonst eine heimische Eigenheit und Verbundenheit besser dokumentiert wird als dabei. Mundart und lokales Kolorit scheinen mir bereits von Grund her da sehr miteinander verwoben zu sein. Und das ist wohl auch stärker als beim Dialekt der Fall, der allerdings doch weiter verbreitet ist.

Das gilt natürlich auch für die Rudolsädter Mundart, die heute an der Anton Sommer-Schule in Rudolstadt gepflegt und gelehrt wird. Es ist nicht nur kulturelles Erbe und nicht nur für den Lernenden interessant. Es ist überhaupt wichtig. Mit ihrer Kenntnis lernen wir manches besser zu verstehen, so auch zum Beispiel den Rudolstädter Heimat- und Mundartdichter Anton Sommer.

Anton Sommer, der Rudolstädter Heimat- und Mundart-Dichter

Die auf dem Rost gebratene Wurst hat wohl in kaum einer anderen Region eine so große Rolle gespielt wie in Rudolstadt. Sie durfte zumindest bis Mitte des vergangenen Jahrhunderts zusammen mit den rohen Kartoffelklößen und dem Bier bei keinem festlichen Gelage fehlen. Sie musste auf dem Rost sachkundig nach den von alters her bekannten Vorschriften gebraten und gewürzt werden. Gewürze wie Salz, Pfeffer, Majoran, Zimt, Muskat und Ingwer gehören dazu. Oft darf es nur ein Hauch davon sein. Sie sollen den Eigengeschmack des Bräts nur verstärken und nicht übertönen. Der außenstehende Laie kann das kaum erahnen.

Es ist ein wohlbehütetes Geheimnis des jeweiligen Metzgers. So ist´s häufig zu lesen. So der allgemeine Tenor.

Und auch heute ist die Bratwurst - wie vor hundert Jahren - bei Garten- und Volksfesten nicht wegzudenken.

Beim Jubiläumstreffen in Schwarza konnte ich auch noch etwas erfahren, was ich sofort auch in die Tat umsetzte:

Am Ortseingang von Schwarza, an der alten Flugplatzbrücke, gibt es den Imbiss mit den wohl besten Thüringer Rostbratwürsten weit und breit. Spätestens am Morgen halb sieben werden sie schon verkauft, und auch in den Abendstunden Montag bis Samstag. Inzwischen ist dieser Imbiss auch im Thüringer Bratwurstführer verzeichnet.

Anton Sommer drückt seine Beziehung zum Phänomen Bratwurst wie folgt aus:

„De Bratworscht offn Rost"

„Un nach de Bratworscht offn Rost,
De Mensch kann se hier nech entbehre,
Un wann se a etze acht Kreizer kost,
Se muß doch gegassen ware
Un wammer ersch's hier känne Worscht merre sieht,
Da es a gewöß, dass de Worscht ongergieht."

Jetzt hat die Rostbratwurst ihren „Siegeszug" auch außerhalb Thüringens angetreten. Bei fast allen möglichen Anlässen ist sie kaum wegzudenken. Und das gilt inzwischen fast ebenso in dem seit mehr als 25 Jahren zu meinem neuen Heimatland gewordenen Schwaben-Ländle. Doch fehlt da, meiner Meinung nach, doch wohl noch manches bei ihrer schmackhaften Zubereitung im Vergleich zum thüringischen Ursprungsland.

Beim Feiern gingen in der Region die Kirchweihfeste, auch Kirmes genannt, voran. Zur Bratwurst kam da noch der Kirmeskuchen hinzu. Er wurde nach dem Brauch in jeder Familie gebacken.

Ich kann mich noch gut daran erinnern, wie ich noch in meiner Schulzeit mit großen runden Blechen vom Durchmesser mindestens 60 cm - wie viele andere auch - zum Bäcker in der Schwarzburger Straße ging, um den Kuchen backen zu lassen und ihn dann von dort nach etwa zwei Stunden wieder abzuholen. Das war meist am Sonnabend der Fall. Ich konnte es dann kaum erwarten, dass der Kuchen noch am selben Tag, so schnell wie möglich, angeschnitten wurde.

Das Vogelschießen in Rudolstadt war ein ähnliches Fest. Der Anger und die Neue Gasse (heute: Schillerstraße) waren da angefüllt mit Menschen, die sich mit Bratwurst und Bier „bewaffneten".

Nicht wenige davon nahmen dann auch gerne die anwesenden hübschen Landmädel in die Arme, wenn zur Polonaise in Sälen oder auch auf der Straße angestimmt wurde. Hochgestellte Gäste, einst vom fürstlichen Hofe, kamen nicht selten dazu, und auch Goethe kam hierher. Schiller war nicht nur Besucher des Rudolstädter Vogelschießens. Er war auch ein ernanntes Mitglied der Rudolstädter Schützengilde.

Beim Vogelschießen, durfte man eigentlich nicht fehlen. Wir trafen uns hier, einander befreundete oder bekannte Schwarzaer und Rudolstädter, Jung und Alt.

Zu Pfingsten gab es in dieser Region auch genügend Grund, in ähnlicher Weise zu feiern. Als äußeres Zeichen stellte man dabei Birken mit bunten Bändern neben der Haustür auf. Außerdem wurde da auch das Johannisfeuer vor allem von den Jungen „begangen".

Und besonders erinnere ich mich an den hiesigen Fasching, hier nur selten Karneval genannt. Faschingsdienstag war schulfrei, und wir, die Kinder und Jugendlichen, in Kostümen verkleidet, nutzten diesen Tag, um von einem Haus zum anderem zu ziehen. Geschäfte, aber vor allem die Neubau-Blöcke mit den vielen Wohnungen, boten sich da an, um Süßigkeiten, Pfannkuchen oder auch Geldspenden zu erhaschen. Wie oft habe ich da wohl mein, besser gesagt unser allbekanntes Sprüchlein „Bin ein kleiner König, gebt mir nicht zu wenig" heruntergebetet. Ich weiß es nicht mehr genau. Jedenfalls war es sehr oft. Und es lohnte sich auch. Der Geldstrumpf war dann am Abend doch recht ordentlich aufgefüllt. Allein das zählte. Ich konnte damit „Planungen", die mir wichtig waren, ins „Auge" fassen.

Anton Sommer studierte, ähnlich wie ich, an der Friedrich Schiller-Universität Jena. Allerdings war das nicht viel mehr als nur ein Beginn, denn er war nur wenig für sein Studienfach Mathematik ambitioniert. Es war deshalb auch nur für eine ganz kurze Zeit sinnvoll. Zu unsicher schien ihm und nicht zuletzt auch seinem Vater, der Konzertmeister an der Heidecksburg in Rudolstadt war und ihn unterstützte, eine derartige Ausbildung zur Sicherung seines späteren Lebenserwerbs und damit seiner Zukunft zu sein. Das gesellige Vergnügen und die zwanglose Heiterkeit standen den dafür notwendigen Bemühungen eines mathematischen Studiums wohl doch zu sehr im Wege. Denn Sommer fühlte sich viel wohler bei den Corps in der Thüringer Burschenschaft. Ein schneller Wechsel zum Theologiestudium war da sicher richtig und geboten, ja fast zwangsläufig und erfolgte deshalb auch ganz rasch.

Nach erfolgreichem Candidatenexamen der Theologie erhielt er eine Anstellung als Privatlehrer. Später wurde er auch Leiter einer höheren Töchterschule. Und viele geistvolle Frauen, die einst seine Schülerinnen waren, unterrichtete er dabei weiterhin. Fächer wie Geschichte und Geographie waren da angesagt. Das brauchte man auch für ein standesgemäßes Auftreten. Viele dieser Frauen verehrten Sommer vor allem wegen seines lockeren Umgangs und beschenkten ihn. Und das auch noch, als er im höheren Alter schon nahezu erblindet war. Als Garnisonspfarrer, zu dem er im fürstlichen Seminar zusätzlich ernannt worden war, konnte er dann noch selbst mit einer Frische wie eh, den Bibeltext aus dem Kopfe wiedergeben.

In vielen seiner Gedichte, oft „Schnärzchen" genannt, und auch in den Predigten kritisierte er nicht selten auf humoristische Art das Spießbürgertum. Das, oft in Rudolstädter Mundart, um dem Gesagten mehr Ausdruck zu verleihen. Und das begeisterte natürlich nahezu jedermann. Auch seine Parodien zu verschiedenen Schiller-

und Goethe-Gedichten waren davon nicht ausgenommen.

Manchmal ging´s da auch weniger spektakulär zu, wie etwa zum Schluss von „D´r Handschuh":

> *"Da machten se freilich gruße Agen*
> *Un kröcht'n höng un vorne bei'n Kragen.*
> *Un wie se su Complemente schneiden.*
> *Un de Käpfe recken off allen Seiten,*
> *Da blinselt 'n de Mamsell schonne zu*
> *Un will aben's Maul offthu,*
> *Ar keilt 'r aber 'n Handschuch ins Gesöchte.*
> *Un's Ende von d'r ganzen Geschöchte,*
> *War, wie's nech annersch zu verlang.*
> *Ar ös nech merre met 'r gang."*

oder wie in A. Sommers Nachwort zu „Bilder und Klänge" (Bd. 2, S. 396) - schelmisch, volkstümlich, weise:

> *„Gih nune hönn, mei klänes Buch,*
> *Du brauchst dich nech zu schame,*
> *Du hast schonn draußen Fremde g'nug*
> *Die war'n dich garn offnahme;*
> *Klingt deine Sprache a gemäne,*
> *Dei Herz ös gut, dei Sinn ös räne.*
> *Woll'n wu de Leite lustig sei*
> *Un garn änn Spas sich mache,*
> *Da half derzu un sei derbei*
> *Un laß se harzlich lache;*
> *'s göbt in dar Welt ja su satt Plage,*
> *Drom freit aich recht an guten Tage."*

Abwesend von Rudolstadt, etwa bei seinem mehrjährigen Berliner Studium-Aufenthalt, wo er nach dem Abitur zunächst an der Handelsschule war, überkam ihn das Heimweh. Da entstand sein Gedicht „Mei Rudelstadt" in Anlehnung an: „Mein Rudolstadt, das lob ich mir. Und seine Berge und Bäume" mit:

> „Die Saale flinkert wie ä Tressenband in hallen Sonnenscheine.
> D'r Himmel blank von Stutenrand bis röber nach 'n Haine."

Es ist eine Liebeserklärung an seinen Heimatort. Und die komplette Übersetzung der mundartlichen Teile zu „Mei Rudelstadt, das lob ich mir on seine Barg´on Bäume" ist dann:

> „Wenn einer unterm Hain steht und schaut hier runter.
> Wenn so im Frühling alles blüht den ganzen Tag lang
> Das ist nur eine wahre Pracht.
> Wohin man nur die Augen wendet, rundherum im ganzen Tal.
> Dort, wo der Weg in zwei sich trennt -
> nach Volkstedt und nach Schaala.
> Die Saale blitzt wie ein Goldband in hellem Sonnenschein.
> Der Himmel ist klar vom Stutenrand bis hinüber zum Hain.
> Das Rudolstadt liegt so schmuck, so friedlich
> So gibt es doch auf der ganzen Welt
> kein zweites Fleckchen mehr.
> Und seine Berge und Bäume." [11]

Das Thema „Heimweh" ist möglicherweise bei Anton Sommer auch deshalb so tief verwurzelt, weil er keine Familie hatte. Dafür hatte er aber viele Freunde, die ihm auch im Alter, als er erblindete, zur Seite standen.- Im Folgenden sein wohl bekanntestes Werk dazu „Hämwieh" [27]

Hämwich

Ech bön off meiner Wanderschaft
Nur allerwend gewasen,
Ech ha mer alles angegafft,
In Stuckert on in Drasen;
Ech bön bis nein nach Ungarn gang,
War in der Schweiz zahn Wochen lang,
Ha in d'r Lausitz Arbeit G'hatt –
's giht doch nischt iber Rudelstadt!

Bald warn de Barge mir ze huch,
Bald sah mer gar känn Höckel;
Bald warn de Leite mir ze klug,
Bald warns grobe Nöckel;
Bald ging's im Sande bis an Knorn,
Bald ha 'ch in Drack de Schuh verlorn;
Da ha ech allemal gesaht:
's giht doch nischt iber Rudelstadt!

Da machen se su völen Larm
Von Maine salt in Bayern.
Ech han gesihn, das Gott erbarm,
Die könn sich lasse leire;
Da ös de Saale neech su schmal
on schönner wuhl zahntausendmal,
Das sieht ju jed's, war Agen hat –
's giht doch nischt iber Rudelstadt!

Zwä Reih'n Bämchen in Berlin
die häßen Se de Linden,
Ech blieb d'r vor Verwonn'rong Stihn,
Betracht se vorn on hönten.
"Packt eire Kripel doch zesamm,
On kommt off unsern Wasserdamm!"
Ha ech salt fär änn Mann gesaht –
's giht doch nischt iber Rudelstadt!

An Rheine göbt's nur Äpfelwein,
In Sachsen on in Preißen.
Da gärgeln se ä Zeig d'r nein,
Da kriegt mer Magenreißen.
Das nannten se salt Lagerbier,
Ech lacht' on dachte su bei mir:
Hätt ech nur Felsenkaller satt –
's giht doch nischt iber Rudelstadt!

In Ostreich sollt 'ch Knötel asse,
Da konnt mer ju met schieße.
Ech ha se alle stihnig lasse.
In Hessen gab's a Kliße,
Die warn wie Haselnösse gruß,
Ja, das war kä Ardäpfelkluß.
Wie mersche su derhäme hat –
's giht doch nischt iber Rudelstadt!

Was mer am merschten ande tat
On's Schlimmste war von Dönge –
Daß ech in käner änzgen Stadt
Konnt änne Bratworscht sönge.
Ech kröcht ä Döng on Brih dabei,
das sollte änne Bratwurscht sei! –
Ech hatt schonn on Geroche satt –
's giht doch nischt iber Rudelstadt!

Drum ließ mersch draußen käne Ruh,
Ech sehnte mich zu sihre.
Ech schnierte meinen Bindel zu
On tat höbsch häm Marschiere.
An wie kam bei Aßmann rein,
De Saale rachts on links 'n Hain,
Da ha ech's erst racht laut gesaht:
's giht doch nischt iber Rudelstadt!

Heimweh-Translation

Ich bin auf meiner Wanderschaft
Nun überall gewesen.
Ich hab mir alles angeschaut
in Stuttgart und in Dresden.
Ich bin bis Ungarn gegangen
War in der Schweiz zehn Wochen lang
Ich hab in der Lausitz Arbeit gehabt
Es geht doch nichts über Rudolstadt!

Bald waren die Berge mir zu hoch,
bald sah man gar keinen Hügel.
Bald waren die Leute mir zu klug,
bald waren sie sehr unfreundlich.
Bald ging der Sand bis an die Knöchel,
bald hab ich im Dreck die Schuhe verloren,
da hab ich allemal gesagt:
Es geht doch nichts über Rudolstadt!

Da machen sie so vielen Lärm,
Von Main, eben da in Bayern,
Ich hab ihn gesehen, dass Gott erbarm,
Die können sich auslachen lassen.
Da ist die Saale nicht zu schmal,
und schöner wohl, zehntausendmal
Das sieht ja jeder, wer Augen hat –
Es geht doch nichts über Rudolstadt!

Zwei Reihen Bäumchen in Berlin,
Die nennen sie, die Linden.
Ich blieb da vor Verwunderung stehen,
betrachtete sie von vorn und hinten.
„Packt eure Krüppel doch zusammen,
Und kommt auf unser Wasserdamm!"
Hab ich für einen Mann gesagt -
Es geht doch nichts über Rudolstadt!

Am Rhein gibt es nur Apfelwein.
In Sachsen und in Preußen,
da schlucken sie ein Zeug,
da bekommt man Magenreißen.
Das nannten sie ein Lagerbier,
ich lachte und dachte so bei mir.
Hätt ich nur „Felsenkeller Bier" satt –
Es geht doch nichts über Rudolstadt!

In Österreich sollte ich Knödel essen,
da konnte man mit schießen.
Ich hab sie alle stehen gelassen.
In Hessen gab's auch Klöße,
die waren wie Haselnüsse groß.
Ja, das war kein Kartoffelkloß,
wie wir von zu Hause kennen -
Es geht doch nichts über Rudolstadt!

Was mich am meisten ärgern tat,
und es schlimmste aller Dinge –
dass ich in keiner einzigen Stadt,
konnt eine Bratwurst finden.

Ich bekam ein Ding mit Sauce dazu,
das sollte eine Bratwurst sein! –
ich hatte schon am Geruch satt, -
Es geht doch nichts über Rudolstadt!

Drum ließ es mir draußen keine Ruhe,
ich sehnte mich zu sehr,
ich schnürte meinen Beutel zu,
und tat hübsch heim marschieren.
Und wie ich kam über Volkstedt herein.
Das Schloß gleich rechts und links der Hain.
Da hab ich es erst recht laut gesagt:
Es geht doch nichts über Rudolstadt!

Auch für Joseph von Eichendorf war „Heimweh" ein beliebtes Thema seiner Gedichte, die zu etwa gleicher Zeit datiert sind. Ich hatte bei meinen Auslandsaufenthalten oft ein ähnliches Empfinden. Ein kurzer Ausschnitt aus „seinem Heimweh":

„Wer in die Fremde will wandern,
Der muß mit der Liebsten gehn,
Es jubeln und lassen die andern
Den Fremden alleine stehn.
Was wisset ihr, dunkele Wipfel,
Von der alten, schönen Zeit?
Ach, die Heimat hinter den Gipfeln,
Wie liegt sie von hier so weit!"

Manchmal habe ich mich gefragt, was wird möglicherweise alles bewirkt, wenn man in Mundart spricht, zu besonderen Anlässen vielleicht auch etwas in Mundart vorträgt. Eine Frage, die, wie ich hörte, auch von Eltern gestellt wird, wenn es darum geht, dass ihre Kinder diese Mundart in der Schule lernen und wenn sie noch lernen, auch diese zu sprechen. Oft geschieht das aus Sorge, dass die Kinder da vielleicht Probleme bekommen könnten. Besonders hinsichtlich Orthographie und Grammatik ihrer Muttersprache. Heute weiß man, es ist ähnlich wie beim Erlernen mehrerer Sprachen. Die Sorge ist unberechtigt. Das Gegenteil ist vielmehr der Fall. Das Erlernen von Mundarten ist etwa gleichbedeutend damit, dass man an den Wurzeln seiner eigenen Sprache arbeitet. Man stärkt sie eher dadurch, auch was deren Grundphänomene wie Orthographie und Grammatik betrifft.

Die Sankt Laurentiuskirche in Schwarza - wie ich sie erlebte

In meiner Kindheit und Jugendzeit kannte ich die Bezeichnung „St. Laurentius" für diese schöne Kirche im Bauernbarock nicht. Sie wurde ganz einfach als evangelische Kirche bezeichnet und wurde als solche in gleicher Weise von evangelischer und katholischer Pfarrgemeinde genutzt. Der jetzige Steinbau wurde 1594 an der Stelle des zerrütteten Kirche errichtet und der Stein, von 1454, der an diese erinnert, nordseitig eingemauert [12]. - Die Glocke aus jener Zeit enthält außer den Namen der vier Evangelisten den Namen Sankt Laurentius. Das könnte ein Hinweis dafür, dass die alte Kirche bereits zu dieser Zeit dem heiligen Laurentius geweiht worden war.

Die Sankt Laurentiuskirche in Schwarza

Das Zeichen HR1594 am Turmknopf mit der Wetterfahne, steht für das Jahr der Entstehung der Kirche. Der Pfeil, den man unten im Turmknopf erkennen kann, wird auch als Baschkiren-Pfeil bezeichnet. Er weist auf eine Besonderheit hin, die bis zum Ural Schule machte.

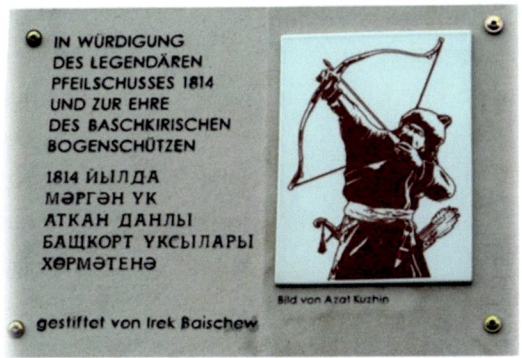

Eine entsprechende Tafel an der Kirche bezieht sich auch darauf.

Nach dem Sieg der preußisch-russischen Truppen über die „Grande Armee" Napoleons bei der Völkerschlacht zu Leipzig 1814 war auf ihrem Rückzug Schwarza eine Aufenthaltsstation. Für die baschkirischen Krieger, als Teil der russischen Armee, war es auf Geheiß des russischen Zaren nicht zugelassen Schusswaffen zu tragen. Nur Pfeil und Bogen waren für sie als Kriegsgeräte erlaubt.

Und das in einem Befreiungskrieg, wo die seinerzeit am besten ausgerüsteten Armeen aufeinandertrafen. Um Kriegstüchtigkeit und Treffsicherheit ihrer Waffen zu dokumentieren und so nachträglich auch zu beweisen, auch einen Beitrag zu diesem Sieg geliefert zu haben, wurde, der Überlieferung zufolge, in fröhlicher Runde der baskirischen Bogenschützen die Wette abgeschlossen, mit dem vorhandenen Kriegswerkzeug, mit Pfeil und Bogen, den Kuppelknopf der Schwarzaer Kirche nachhaltig zu treffen. Und das geschah dann auch umgehend und eindrucksvoll. Der inzwischen vergoldete Pfeil ist heute für jedermann in der Turmbekrönung gut sichtbar.

Anlässlich des 200. Jahrestags der Völkerschlacht zu Leipzig war zum wiederholten Mal eine Abordnug baschkirischer Krieger und auch Kosaken in Uniform vom Ural hierher gekommen. Für sie war dieser goldene Pfeil, der nun schon seit 1814 im Kuppelknopf der Kirche steckte, gewissermaßen ein Nationalheiligtum. Von hier aus wurde so etwas wie eine interkulturelle Schwarzaer Geschichte geschrieben.

Im Jahr zuvor hatte W. Heinze, der auch beim Schwarzaer Straßentreff über Neues in Schwarza berichtete und Organisator des Projektes „Baschkiren-Pfeil" [13] war, zusammen mit dem Leiter einer baschkirischen Abordnung diese Gedenktafel enthüllt.

Ganz wichtig, wie ich meine, auch seine Beiträge zur Erhaltung der vor der Schwarzaer Kirche aufgestellten großen Eisenhartgussglocke.

Die Glocken der Sankt Laurentiuskirche Schwarza

„Gott zu ehren, die Lebendigen zu
rufen und die Toten zu begleiten,
aus dem Feuer bin ich geflossen,
Christoph Rose zu Volkstedt
hat mich gegossen".

Die Geschichte der Laurentiuskirche und die Geschichte ihrer Glocken sind weitestgehend miteinander verbunden. Die sogenannte Urglocke aus dem Jahre 1453 war dem heiligen Laurentius geweiht, worauf die Zahl 1453, die oben auf der Glocke eingeprägt ist, hinweisen könnte. Auf dem Äußeren der Glocke standen vor allem aber die Namen der vier Evangelisten und der Name Laurentius, wie wir das auch heute bei der Laurentius-Glocke sehen können - damals aber etwas anders geschrieben: Lvacas, marcvs, mathevs, ioes und S. Lavrentis ora pro nobis.

Und danach erklärt sich wahrscheinlich auch die folgende Namensgebung Sankt Laurentius für die 1594 errichtete neue Schwarzaer Kirche. Ihre kurze Bauzeit war nur deshalb möglich, weil der erhöhte Aufwand, der sich beim Bau eines zusätzlichen Glockenturms ergeben hätte, nicht nötig war. Zur Urglocke kamen im Laufe der Zeit noch zwei größere Glocken hinzu, eine ca. 17 Zentner schwere und eine ca. 23 Zentner schwere Glocke. Letztere war ein Geschenk von Ludwig Günther, Graf zu Schwarzburg und Hohenstein, an die Gemeinde Schwarza für die 1628 gerissene und ihren Klang verlorene 17 Zentner-Glocke. Zusammen mit der vorhandenen dritten Glocke, auch mittlere Glocke genannt, wurde diese Glocke in dem dafür bestimmten Holzgebäude außerhalb der eigentlichen Kirche aufgehängt [15]. Diese unzureichende Unterbringung war vor allem der Grund dafür, dass nach nicht allzu langer Zeit die Glocken rissig wurden oder auch zersprangen und dadurch ihren Klang verloren. Um funktionsfähig zu sein, mussten sie wieder umgegossen werden. -

Eine andere Unterbringung der Glocken war unbedingt erforderlich. Die mittlere Glocke zersprang 1669 und das war dann das entscheidende Signal für die Änderung der Unterbringung der Glocken, d. h. für den Bau des steinernen Glockenturms auf der Laurentiuskirche und ihre Unterbringung darin [16].

Die mittlere Glocke musste umgegossen werden. Das galt auch für die Schlagwerk-Glocke der Kirchenuhr, die etwa zur gleichen Zeit gesprungen war und nicht mehr läuten konnte. Im Gegensatz zur mittleren Glocke dauerte allerdings ihre Fertigstellung viel länger, obwohl sie vom gleichen Meister vorgenommen wurde. 1671 war es dann auch für sie soweit.

Die Umschrift auf der so 1669 umgegossenen mittleren Glocke, wie sie eingangs zitiert ist, zeigt die Handschrift des Volkstedter Glockengießermeisters Christoph Rose [14].

Nun konnte auch sie - wie die beiden anderen - in dem neuen Glockenturm, der nach zweijähriger Bauzeit 1670 fertiggestellt worden war, untergebracht werden. Die Glocken waren nun weniger störanfällig.

1910, nachdem die kleine Glocke, die Laurentius-Glocke, vergleichsweise lange Zeit „gedient" hatte, zeigte aber auch sie Risse und wurde vom Apoldaer Hofglockengießermeister Franz Schilling mit der Inschrift, dem Psalm 27,7, umgegossen: Herr, höre meine Stimme, wenn ich rufe, sei mir gnädig und erhöre mich! -

Die Glockengießerei-Dominanz Volkstedt-Rudolstadt, wie zur Zeit Schillers, gab es da nicht mehr. 1722 war Christoph Rose nach Apolda umgezogen und mit ihm auch die Glockengießerei, während man sich in Rudolstadt stattdessen dem Gelbgießen, d. h., dem Herstellen von Spritzen zugewandt hatte. Die Glockengießerei in Apolda war erfolgreich und bestand bis 1988. An deren Stelle trat dann mehr und mehr die Lauchhammer-Glockengießerei. Und das bis heute.

Zu Beginn des ersten Weltkriegs wurden die beiden größeren Glocken für militärische Zwecke eingezogen. Die dafür 1925 ersetzten Eisenhartglocken konnten aufgrund der Bemühungen der Schwarzaer Gemeinde 2003 durch zwei wertvollere Bronze-Glocken ausgetauscht werden. Sie vervollständigen mit der mittleren Glocke das Geläut, wie wir es heute hören können. Die Größere der beiden „ausgemusterten" Eisenhartgussglocken wurde 2004 in der Glockengießerei Mühlan abgestrahlt und hinsichtlich Schutz gegen Umweltverschleiss überarbeitet und nahe Laurentiuskirche aufgestellt.

Links vom Eingang der Laurentiuskirche die „ausgemusterte" große Eisenhartgussglocke

Dieser Glocken-Anblick erinnert mich immer an die einstige Aufhängung der Glocken in einem Holzgebäude außerhalb der Laurentiuskirche.

Eisenhartgussglocke 1925-2003. Ersatz für die im Weltkrieg 1917 eingezogene große Bronzeglocke von 1636 (umgegossen 1874) - Ausschnitt der auf dem Sockel montierten Tafel -

Glocken-Inschrift (Ausschnitt): „Kommt herzu, lasst uns dem Herrn frohlocken und jauchzen dem Hort unsers Heils.

Vergossen 1925 an Stelle der im Weltltkrieg 1914 - 1918 geopferten Bronzeglocke und zum Gedächtnis der Gefallenen"

Inschriften, wie auch andere Verzierungen von Glocken, wie die der Laurentiuskirche in Schwarza, habe ich erst über den Umweg Stuttgart, so richtig wahrgenommen. Schiller, im nahe gelegenen Marbach am Neckar geboren, war hier Regimentsarzt. In Rudolstadt, wo ich das Gymnasium besuchte, soll Schiller, der Legende nach, beim Besuch der Andreaskirche und beim Lesen der Inschrift der dortigen vom Blitz zerstörten Glocken

>„*Süße Weise töne ich,*
>*Freuden der Frommen singe ich*
>*Dahingeschiedene beklage ich*
>*Lebende rufe ich, Blitze breche ich*"

die Idee gekommen sein, das Lied von der Glocke zu schreiben. Fasziniert von der Kunst des Glockengießens besuchte er häufig die benachbarte Glockengießerei. Daran erinnert auch die Gedenktafel der ehemaligen Glockengießerei in der Jenaischen Straße 1, die wir heute über der Tür des wesentlich erneuerten Hauses vorfinden können:

>„Steh, Wanderer,, *still, denn hier erstand,*
>*dass keine zweite möglich werde*
>*erbaut durch Schillers Meisterhand,*
>*die grösste Glocke dieser Erde.*"

Glockengießerei - Eingang Jenaische Straße 1

Neben der Frage nach der richtigen Materialmischung und Form für eine gute Klangfarbe des Glockengeläuts waren bei der Kunst des Glockengießens vor allem die Verzierungen der Glocken bestimmend, die Inschriften mit Bibelsprüchen und die Bilder von Heiligen. Sie sind die Zierde der Glocke auf ihrem Äußeren. Und so habe ich das auch bei den Glocken in der Schwarzaer Laurentiuskirche wahrgenommen.

Für mich war es deshalb nicht verwunderlich, dass Schiller von der Kunst des Glockengießens angetan war und über die damit verbundenen Herausforderungen gut Bescheid wusste. Die erste Strophe im „Lied von der Glocke" deutet das an:

> *„Fest gemauert in der Erden*
> *Steht die Form, aus Lehm gebrannt.*
> *Heute muss die Glocke werden.*
> *Frisch Gesellen, seid zur Hand.*
> *Von der Stirne heiß*
> *Rinnen muss der Schweiß,*
> *Soll das Werk den Meister loben,*
> *Doch der Segen kommt von oben"*

Die stützende Ziegelschicht bildet den Glockenkern, auf dem die Lehmschicht aufgetragen und mit einer Holzschablone passend zur späteren Glockenform, fein geglättet, abgetragen wird. Der Ziegelkern wird von innen beheizt, wodurch die aufgetragene Schicht gut austrocknen kann. Das zusätzlich aufgetragene Trennmittel, etwa Talg oder Graphit, wird aufgestrichen bevor durch eine weitere Lehmschicht das Gegenstück zur eigentlichen Glocke, die falsche Glocke, aufgebracht wird. Auf ihr wird am Ende die Zier, Inschriften oder auch Bilder im Wachsmodell aufgetra-

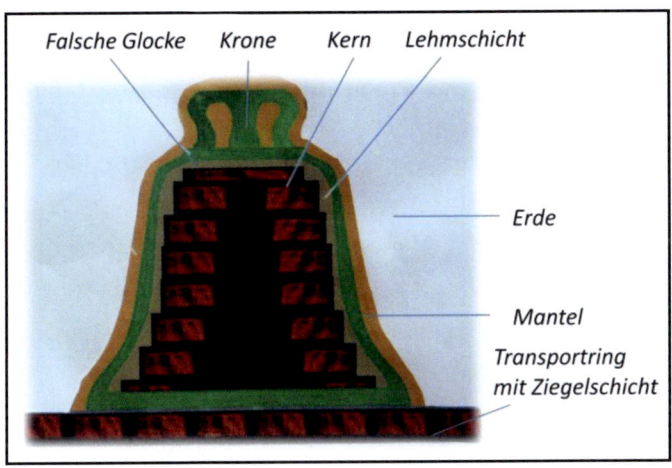

Querschnitt der fertigen Glockenform [17]

gen und darüber kommt dann eine weitere dritte Lehmschicht, der sogenannte Mantel. Beim Erhitzen dieser Glockenform schmilzt das Wachs ab und die Zier-Abdrucke bleiben auf der Innenseite des Mantels erhalten. Nach anschließendem Abheben des Mantels wird die falsche Glocke herausgeschlagen und der Mantel wieder übergestülpt. Damit liegt die Gussform vor, in die über die Krone die Glocken-Bronze, die Guss-Speise, bei etwa 1100° C eingefüllt wird. Damit die Glocke nicht zerbricht, wird sie zuvor in die Erde, in die sogenannte Gießgrube, eingebuddelt. Durch zusätzliche Kanäle im Gusskopf nahe der Krone, den sogenannten Windpfeifen, kann die beim Gießen verdrängte Luft entweichen oder auch beim Erstarren Gussmatrial nachdringen.

An dieser Handwerkskunst hat sich seit mehreren 100 Jahren nichts geändert. Es gibt da keine moderne Technik [18]. Das wird auch noch mehrere hundert Jahre so bleiben. Schiller hat das Glockengießen so in Rudolstadt erlebt. Und wir können das heute ebenso in den wenigen Glockengießereien erleben, die es in Deutschland noch gibt, etwa in Gescher oder in Lauchhammer.

Für das Schreiben des einzigartigen Liedes von der Glocke hat Schiller mehr als 10 Jahre gebraucht. Nicht von ungefähr beschreibt es so auch das menschliche Dasein über einen langen Zeitraum „von der Wiege bis zum Grabe". Und es gibt wohl kaum etwas anderes, worüber mehr geschrieben, ja auch parodiert wurde, als über das „Lied von der Glocke".

Die ersten Glocken in Deutschland wurden im 8. Jahrhundert von den Benediktiner-Mönchen hergestellt, wobei die Glockenform auch in den Erdboden gegraben wurde. Im 12. Jahrhundert übernahmen Laienstände diese Tätigkeit des Glockengießens. Bis Ende des 15. Jahrhunderts hatten Glockengießereien in Erfurt da eine führende Rolle. Und im 17. und 18. Jahrhundert machten die Glockengießereien in Rudolstadt und Volkstedt von sich reden:

Melchior Moering (1633 – 1645) in Rudolstadt und Christoph Rose (1645 – 1674) in Volkstedt.

Zur Zeit meines Ministranten-Daseins an der Laurentiuskirche bestand die Anforderung an mich an den Sonntagen – wie das so üblich ist - für das Ertönen der Glocken zu sorgen und so die Schwarzaer Gläubigen zum Gottesdienst aufzurufen. Zusammen mit einem anderen Ministranten habe ich das dann auch über viele Jahre hinweg eine halbe und viertel Stunde vor Beginn der sonntäglichen katholischen Gottesdienste getan.

Im Glockenunterraum des Kirchturms, der „Läutestube", mussten dann die Glocken mit dem Glockenseil, das am Joch angebracht war und woran die jeweilige Glocke aufgehängt war, in die entsprechenden Läute-Bewegungen versetzt werden. Dieser Vorgang dauerte dann jeweils circa fünf Minuten. Wichtig war, dass der Abschluss des Läutens für alle drei Glocken gleichzeitig erfolgte. Und nicht selten war das auch mit einer Menge Spaß verbunden. Denn wir ließen es uns oftmals nicht nehmen, den Abschluss so zu gestalten, dass wir mit dem Kopf mehrmals bis an die Raumdecke schwebten, bis die Glocken im Gleichklang still standen. Nur wenige Minuten später begann ja dann auch schon der Gottesdienst, und wir mussten bis dahin noch einiges vorbereiten und uns auch noch umkleiden.

Zusätzlich zur Laurentius-Glocke: Die beiden anderen Glocken: links die Glocke aus dem Jahr 2003 und rechts aus dem Jahr 1923 (mittlere Glocke)

Die Laurentius-Glocke, wie man sie heute in der Schwarzaer Kirche sehen kann.

Das Besondere bei ihr im Vergleich zur mittleren Glocke von 1669 ist das Bild vom heiligen Laurentius zusätzlich zu den Inschriften.

Über dem Laurentius-Bild: Auf dem oberen Rand der Glocke:

LYCA MARCUS MATHEUS JOHANES
S LAURENTIUS ORA PRO NOBE

Und auf dem unteren Rand der Glocke:
„LAURENTIUSGLOCKE"

In der Mitte der Laurentius-Glocke: Das Bild vom heiligen Laurentius

Der heilige Laurentius

Mir war Laurentius in früher Zeit vor allem durch das Wappen am Gasthof „Zum Goldenen Löwen" in Schwarza bekannt. Und ich glaubte zunächst, der Rost in seinem mittleren unteren Teil sei ein Hinweis auf eine Zubereitung von Speisen, wie das auch im Gasthof erfolgt. Erst später lernte ich, dass dieser Rost den glühenden Eisenrost kennzeichnet, auf dem Laurentius am Ende seines Martyriums im Jahre 258 n. Chr. hingerichtet wurde.

Der Überlieferung zufolge war Laurentius als Archidiakon von Rom für die Verwaltung des Vermögens der Kirche Roms zuständig, außerdem für dessen Verwendung vor allem für soziale Zwecke. Nachdem aber der römische Kaiser den seinerzeit amtierenden Papst hatte enthaupten lassen, sollte Laurentius den Kirchenschatz umgehend dem Kaiser übergeben. Laurentius verteilte ihn aber an die Mitglieder der Gemeinde und präsentierte dem Kaiser die Armen, Kranken, Wittwen und Waisen, nachdem er diese zusammengerufen hatte, als den wahren Schatz der Kirche. Die Hinrichtung von Laurentius durch die Verbrennung auf einem eisernen Rost folgte. Dieser eiserne Rost als Zeichen für das Martyrium von Laurentius ist heute oft das einzige verwendete Symbol auf Gemeindewappen. Manchmal allerdings kommt da auch noch die Martyrierpalme hinzu.

Der 10. August eines jeden Jahres war für mich immer ein besonderer Tag. An diesem Tag wird Laurentius in der evangelischen, katholischen, orthodoxen und anglikanischen Kirche als Heiliger verehrt. Ich empfand Laurentius in einer ganz besonderen und persönlichen Weise.

In den vielen Jahren meiner Zeit als Ministrant und auch später lernte ich Menschen kennen, die im Dienst der Kirche standen, vom Kaplan bis hin zum Bischof. Einer von ihnen war Kaplan Tessarz. Er war einer der ersten Kapläne, mit denen ich den Gottesdienst in Schwarza gestaltete. Und mit ihm feierte ich auch meine 1. Heilige Kommunion.

Meine 1. Heilige Kommunion

Auf dem Bild stehe ich ganz rechts mit einer Kerze, außen und in der Mitte die Ministranten. Vor Kaplan Tessarz - die beiden Ministranten, mit denen ich oft ministrierte. W. Sacher, links, seid vielen Jahren in Rom lebend, mit ihm habe ich mich über viele Fragen des Lebens häufig ausgetauscht. Rechts neben ihm, T. Sander, der außerhalb seiner beruflichen Tätigkeit ein großartiger Organist und Chorleiter war, leider aber viel zu früh verstarb. Obgleich wir einen sehr guten und vertrauensvollen Kontakt hatten, uns gewissermaßen blind verstanden, sprach er nicht darüber, dass er in ganz erheblichem Maße die Restaurierung der Orgel der Andreas-Kirche in Rudolstadt finanzierte. Er tat es. Darüber zu sprechen war nicht sein Ding. Er brauchte da keinen Bewunderer. Ein für mich ganz besonderer Mensch.

Obgleich die Kirche Sankt Laurentius eine evangelische Kirche war, gab es niemals irgendwelche Probleme hinsichtlich Durchführung von katholischen Messen, Andachten oder anderweitigen Anlässen. Wenn es nötig war, wurde die eine oder andere katholische Veranstaltung, wie etwa der Religionsunterricht, auch mal in Räumen des benachbarten evangelischen Pfarrhauses abgehalten. Das war - wie ich meine - nichts Selbstverständliches.

Kaplan Tessarz hatte durch sein Beispiel ganz wesentlich mein späteres Leben mitgeprägt. Ich ministrierte bei ihm über mehrere Jahre bei den sonntäglichen katholischen Gottesdiensten.

Erst nachdem ich das Wappen an dem Gasthof „Zum Goldenen Löwen" kennengelernt und mich mit seiner Interpretation näher befasst hatte, wurde mir Laurentius zu einem Begriff und hatte ich sein Wirken verstanden. Und Tessarz wurde „mein Laurentius".

Für Kaplan Tessarz war es selbstverständlich, in der Diaspora mit dem Fahrrad die Bedürftigen und Kranken aufzusuchen. Ich kannte ihn nur in dem einen, seinen einzigen grauen Anzug. Meist mit Fahrradklammern an den Hosenbeinen. Und das war dann auch bei „Wind und Wetter" der Fall. Einen zweiten Anzug gab es für ihn nicht. Ich erlebte, wie er einen solchen, den er gerade erst geschenkt bekam, an Bedürftige weiterverschenkte. „Sie haben ihn nötiger als ich", so seine Meinung.

Anderen zu helfen und Freude zu bereiten, das war seine Lebensmaxime. Nur eines konnte er vor allem nicht: Singen. Die richtigen Tonlagen zu finden beim Wechsel von Gesang und Wort, etwa in der liturgischen Wiedergabe von Credo und Gloria im Gottesdienst, war für ihn kaum möglich. Er mühte sich dabei so gut er konnte. Und er strahlte dabei aus, und ich fühlte mit ihm. Für mich ein großartiger Mensch. Andere empfanden das wohl ähnlich. Insgesamt brachte ihn das sogar noch näher an die Gemeinde heran. Näher bei ihr und einer von ihr zu sein. Das war es, was bei ihm galt, das machte ihn so sympathisch.

Die barocke Kirche Sankt Laurentius

Die Schwarzaer Kirche ist im sogenannten Bauernbarock-Stil erbaut worden, wie man es derartig meist nur in Hessen oder Bayern vorfindet. Aber eben auch hier in Schwarza. Das Schwarzaer Umland war dafür ausschlaggebend. Vor allem die prägenden Bauernhöfe und dabei speziell die Siedelhöfe, wie etwa der Obere, Untere und der mir am besten bekannte Mittlere Siedelhof.

Unüblich die Ausrichtung dieser Kirche. Ihr Altar ist im Westen und ihr Eingang im Osten. Diese abweichende Orientierung wird verschieden interpretiert. Eine Interpretation besagt, dass die Ausrichtung nach der im Westen stehenden Mutterkirche erfolgte, dem Kloster Paulinzella, eine andere hält den günstigen Eingang im Osten der Kirche für das wichtigere Argument. Denn die Menschen, die überwiegend im östlichen Teil dieses Ortes wohnen, müssten dann nicht um die Kirche herumlaufen, um zu ihrem Eingang zu gelangen. Ein Nachteil dieser Ausrichtung ist dann allerdings ganz sicherlich, dass der Pfarrer während der Messe die aufsteigende Sonne und damit das Licht im Rücken hat. Nur bei der Predigt ist das anders.

Auch etwas Anderes ist sicher das gemeinsame Erleben von

abendlichen Marien-Andachten. Ich erinnere mich, wie die Mutter eines Ministranten zu derartigen Anlässen häufig das Ave Maria sang. Und erst kürzlich sprach ich mit ihm darüber.

Eine Besonderheit war für mich auch immer das Bild an der Wand links vom Kirchenaltar, das eine brennende Brücke über der Schwarza während des 7jährigen Krieges zeigt (vgl. auch [19]). Für mich war dieses Bild von der zur Kirche nahegelegenen brennenden Brücke auch Anregung zu anderweitigen Auseinandersetzungen, mit schwierigen Momenten im Leben, auch „brennenden Fragen", wie sie in allen Lebenssituationen auftreten können.

Friedrich Johan der beste Landes Fater.
Mich hat in Zorn Mars abgebrannt.
Mich deckte Gottes Gnaden Hand.

Anders als bei den katholischen Barock-Kirchen gibt es bei dieser Kirche nicht den üblichen Prunk mit kunstvoller Vergoldung. Bei ihr sind der Prunk die eindrucksvolle Bemalung der Kirchen-Decke mit Blumen und Himmelsmotiven sowie Bilder des Altars. Dazu in

Harmonie die Empore, der Kanzelaltar und die Orgel. - Beim Eintreten in die Laurentiuskirche war ich immer von der schlichten Schönheit im Zusammenwirken von Sitzgestühl, Empore, Kirchendecke und Orgel beeindruckt.

Die Inneneinrichtung mit Empore und Gemälden stammt aus dem Jahr 1731 und ist seitdem unverändert.

Die Deckenmalerei hatte es mir da besonders angetan. Blumendekore, wie in der Natur und Engel mit Posaunen und Harfen, wie in einem himmlischen Zelt, vermitteln Ruhe und Lebensfreude. Hier kann man sich auch einmal zurücklehnen, entspannen und auch Rückschau halten. So habe ich es in orthodoxen Kirchen und tibetischen Klöstern erlebt. Meist mit Meditation verknüpft.

Wenn ich versuche, mich meditierend zurückzunehmen, einer inneren Einkehr gleich, dabei möglichst noch die Augen schließe, dann glaube ich den Psalm zu spüren, der auf einer der Glocken steht:

"Lobet den Herren in seinem Heiligtum,
lobet ihn in seinen Taten,
lobet ihn mit Posaunen,
lobet ihn mit Psaltern und Harfen."

Und dazu das von der Gemeinde gesungene Lied:

"Lobet den Herren, den mächtigen König der Ehren,
lobt ihn, o Seele, vereint mit den himmlischen Chören.
Kommet zuhauf,
Psalter und Harfe wacht auf,
lobt ihn, o Seele, vereint mit den himmlischen Chören.
Kommet zuhauf,
Psalter und Harfe wacht auf,
lasset den Lobgesang hören."

Ich empfinde das Stufengebet, wie ich es so häufig beim Ministrieren zu Beginn jeder Messe erlebte. Ich knied und der Priester stehend, abwechselnd miteinander in lateinischer Sprache (hier ausschnittsweise):

> *„Et Introibo ad altare Dei.*
> *Ad Deum, qui laetificat juventutem meam."*
> *„Zum Altare Gottes will ich treten,*
> *zu Gott, der mich erfreut von Jugend auf."*

Oder auch Schillers „Ode an die Freude":

> *„Freude schöner Götterfunken,*
> *Tochter aus Elysium,*
> *Wir betreten feuertrunken*
> *Himmlische Dein Heiligtum."*

Das Kirchenschiff Sankt Laurentius

Die Orgel der Schwarzaer Laurentiuskirche, eine Jehmlich-Orgel. Sie wurde 1974 eingebaut, nachdem die bisherige Orgel nicht mehr bespielbar war.

Bei ihrem Anblick erfüllte mich auch das, was Friedrich Schiller einmal über die Orgel gesagt hat:

> „Die Orgel tönt in feierlichen Klängen,
> Nur hohen Dingen ist ihr Schall geweiht.
> Sie stimmt das Herz zu heil'gen Lobgesängen
> Sie fühlet mit dem Menschen Freud und Leid.
> Sie schallt der frohen Braut am Hochaltare,
> Und klagt mit Betrübten an der Bahre."

Die alte Orgel hatte ich noch miterlebt. T. Sander spielte da zu

Gottesdiensten die Orgel, aber danach genoss ich sein virtuoses Spiel, dabei aber allerdings nur die Notenblätter wechselnd.

Kanzel der vier Evangelisten

Altar mit Jesus bei der Feier des Abendmahls

Vom Schaffen im Handwerk und in kleineren betrieblichen Einheiten Schwarzas

Zunachst war das regionale Schaffen vor allem durch die Siedelhöfe geprägt. Historischen Dokumenten zufolge gab es hier im 15. Jh. drei Siedelhöfe, von denen zwei übriggeblieben sind. Ihre Besitzer mussten außer Erb- und Lehenszins keine weiteren Leistungen erbringen, ausgenommen in Kriegszeiten, wo sie ein gesatteltes Pferd abgeben mussten. Deshalb wurden diese Höfe häufig auch Sattelhöfe genannt. Am meisten in meinem Blickfeld und meiner Erinnerung der Mittlere Siedelhof, unmittelbar gegenüber dem „Bremer Hof" gelegen, historisch wohl auch der bedeutendste Gutshof der Region. Bei ihm wechselten die Besitzer im Gegensatz zum Unteren Siedelhof, wo Mackeldey immer Eigentümer war, mehrmals. Außer Mackeldey war auch Kirchner Besitzer des Mittleren Siedelhofs. Und der mir mehr bekannte Richard Hirt war dessen Pächter bis zu den „LPG-Zeiten" in der ehemaligen DDR. Mit Frau Hirt konnte ich darüber vor kurzem noch sprechen.

Ähnlich wie im Fall des Gutshofs Möhrbach half meine Mutter auch bei Mackeldey häufig als Schneiderin aus, um so für mich und meine beiden Schwestern das bitter nötige Zubrot zu verdienen.

Die Mackeldey´s zeigten sich uns gegenüber, die wir ja nach Kriegsende noch neu in dem Ort waren und denen es an allem fehlte, sehr entgegenkommend. Und Ich holte dort auch mal außer der Reihe ein oder zwei Liter Milch ab.

Die zahlreichen späteren Unternehmensgründungen bewirkten auch, dass in Schwarza viele städtische Wohnsiedllungen entstanden und dass das einstige, vor allem auch durch die Siedelhöfe geprägte Bild vom dörflichen Schwarza mehr und mehr verdrängt wurde.

Mittlerer Siedelhof

Inschriften und Wappen

Von der Straße ist unterhalb der drei verwitterten Wappen an der Hofmauer des Mittleren Siedelhofs gut sichtbar die Zahl 1595 und darunter der Name Watzdorf. Offenbar ein Hinweis, dass dieser Siedelhof zu dieser Zeit den Watzdorfs gehörte. Schon vor 1509 sollte bereits hier, den historischen Nachrichten des Pfarrarchivs zufolge [20], Volrat von Watzdorf gelebt haben. - Hofseitig über dem Türportal des Hauptgebäudes steht die Zahl 1810. Die Familie Mackeldey war da Besitzer dieses Siedelhofs und gleichzeitig auch noch Besitzer der Schwarzaer Mühle.

Außer den bekannten, die Geschichte und Kultur in der Rudolstädter Region prägenden Persönlichkeiten, gab es im kleinen Ort Schwarza vor allem auch zahlreiche Menschen, ich beziehe mich vor allem da auf die Nachkriegszeit der 50er, 60er und 70er Jahre, die durch ihr Schaffen ganz wesentlich dazu beitrugen, dass man sich hier wohlfühlen konnte und man das Gefühl hatte, dass es dabei deutlich aufwärtsging. Namen wie Ebhardt, Tröbs, Nestler, Witt, Kehrmann stehen stellvertretend dafür. Ich habe und hatte zu einigen von ihnen in ganz unterschiedlicher Weise Kontakt. Darauf beschränkt sich auch die folgende stark persönlich akzentuierte Darstellung. Sie ist etwas abseits von bäuerlichem Schaffen in Schwarza, wie das vor allem von den Höfen Mackeldey und Möhrbach betrieben wurde, wo meine Mutter - wie beschrieben - gelegentlich „geschneidert" hat.

Der Kontakt zur Familie Tröbs begann um 1950. Die Tröbs waren vergleichsweise bodenständig, wir inzwischen nicht mehr ganz neu in Schwarza und umso mehr darum bemüht, vieles aufzubauen. Hatten jetzt in der Hain-Straße eine, wenn auch recht kleine, aber hübsche Wohnung und im Bereich der Siedlungen ein kleines neues Grundstück für einen Garten durch die Gemeinde erhalten. Für dessen Gestaltung wollten wir natürlich etwas tun, mussten da auch sparen, um manches Notwendige anzuschaffen. Unterstützung war da willkommen. Der Kontakt zu Tröbs war da wichtig und hatte ganz sicher auch einiges in unserem Leben bewirkt, was über den Broterwerb hinausging. Das speziell in meinem Leben und in dem meiner Schwester Gisela, die wir zu Tröbs besonders Kontakt hatten. Sie, die jüngere meiner beiden Schwestern, half der Familie Tröbs bei der Betreuung der Tochter Monika, eines ihrer drei Kinder und brachte sich dort auch anderswo nützlich ein, wo auch immer sie gebraucht wurde. Ganz gleich, ob das im Garten oder in Tröbs´ Wohnung war. Und vielleicht beeinflusste all das auch ein wenig ihre spätere Berufswahl, nämlich Kinderärztin zu werden. Meine Hilfe bei Tröbs war dagegen mehr als bescheiden. Sie beschränkte sich eigentlich nur auf das gelegentliche Abholen von Gisela. Und etwas Neugier bei mir war da bestimmt auch noch mit im Spiel. Ich interessierte mich nämlich vor allem für das, was technisch neu war. Und da gab es einiges bei Tröbs zu sehen. Da gehörte ganz besonders auch das dazu, was sich Vater Tröbs zur Erleichterung seiner oft schweren landwirtschaftlichen Arbeit ausgedacht hatte und auch ausknobelte. Und vor allem das, was von ihm dann auch in die Tat umgesetzt wurde.

Pferd und Pferdewagen waren in den Nachkriegsjahren in der dörflichen Landwirtschaft Schwarzas noch aktuell, obwohl schon 1921 die Firma Lanz/Mannheim die sogenannten Bulldogs - vor allem auch für deren Einsatz in der Landwirtschaft - entwickelt hatte.

Vorn auf dem Pferdewagen zu sitzen und die Pferde zu „deichseln" war für mich schon reizvoll. Auch bei Ernteeinsätzen in den Schulferien wurde mir da - etwa 14jährig oder auch etwas älter - weil als erfahren angesehen, die besondere Rolle einen Pferdewagen zu führen, häufig zugestanden. Das war so etwas wie ein Privileg, das nur wenige besaßen. Und das zu nutzen, machte natürlich mehr Spaß als auf dem Feld zu arbeiten und Kartoffeln zu lesen.

Diese Bulldogs, wie sie die Firma Lanz entwickelt hatte, hatten es Vater Tröbs besonders angetan. Sie konnten als Abschlepper auf der Straße oder auch als Ackerschlepper auf dem Feld genutzt werden. Man musste nur, je nach Art des Einsatzes, den notwendigen Radwechsel vornehmen.

Der von Tröbs nach dem Modell von Lanz etwas modifizierte Schlepper war bereits ein „Benziner" im Gegensatz zu dem ursprünglichen Lanz-Modell. Das wurde mit Gasöl betrieben. Auch im Gegensatz zu dem 20 Jahre später entwickelten Modell, das Diesel als Brennstoff besaß. Der Bulldog hatte bereits den für die Arbeit auf dem Feld so vorteilhaften Allrad-Antrieb. Außerdem auch ein Zwei-Gang-Getriebe, eine Knicklenkung, aber noch keinen Rückwärtsgang. Seine Maximalgeschwindigkeit lag bei etwas mehr als 10 km/h, was aber für seinen Betrieb im dörflichen Umfeld von Schwarza völlig ausreichte. Insgesamt war das aber doch ein deutlicher Fortschritt im Vergleich zum Pferde-Einsatz. Und dieses nach „Vorne-Schauen" war es, was mich anregte und mir gefiel, wenn nun allerdings die besondere Rolle und Romantik, allein, zu zweit oder auch zu dritt hinter den Pferden auf dem Pferdewagen zu sitzen, dahin war.

Es war nicht verwunderlich, dass bei beiden Tröbs-Söhnen, mit denen ich mich gut verstand und an die ich mich immer gern erinnere, technische Neuerungen, wie auch diese, nicht spurlos vorübergingen. Beide wurden schließlich auch Autoschlosser und später - fast folgerichtig muss man sagen - auch selbständig.

Mit Manfred, dem älteren der beiden Brüder und seiner Frau Christel konnte ich mich dann auch darüber nach dem Schwarzaer Straßentreffen austauschen. Und das in der Wohnung, Hohe Straße 2, am selben Platz im Wohnzimmer und außerhalb davon auf dem Balkon mit Blick auf die Preilipper Kuppe - wie vor 60 Jahren. Vieles war da wie damals. Ich konnte mich auch daran gut erinnern. Nicht zuletzt ging´s damit Manfred Tröbs auch um die damaligen technischen Neuerungen. Das zu erleben, war noch wenige Tage zuvor kaum vorstellbar. Es war einfach toll!

Herr Tröbs vorn auf dem Bulldog sitzend und hinten Frau Tröbs mit einem Arbeiter, die natürlich laufen mussten

Der Bulldog als Ackerschlepper. Auffallend die dafür notwendige angepasste Radtechnik

Heimatstube und Ebhardt-Schuhwerkstatt

"Wir säen Zukunft für Schwarza", so ein Slogan der Heimatstube in der „Weißen Schule" in Schwarza, die vor einigen Jahren ins Leben gerufen wurde. Nach meinem dortigen Besuch, kann ich diese interessante Stätte nur jedem empfehlen, der Schwarza besucht oder der hierher gezogen ist. Die Foto- und Textdokumente von Rosemarie und Johann Ziehr informieren den Besucher über die Ortsgeschichte Schwarzas. Neu für mich auch die interessante Ausstellung des Vereins „Schwarzaer Spinnstube" oder die Ausstellung über gesammelte, teilweise fast 100 Jahre alte Eierbecher aus Holz, Porzellan und Marmor oder auch die Post- und Ansichtskarten-Sammlung über die Region.
.Gelegentliche Wanderausstellungen und Aktionen komplettieren die Aktivitäten des engagierten Heimatstube-Teams, das man auch außerhalb der offiziellen Öffnungszeiten erreichen kann. Und so konnte ich auch meinen Besuch außerhalb der eigentlichen Besuchszeit durchführen.

Eines war für diesen Besuch ganz entscheidend: In der Heimatstube befindet sich die komplette Schuhwerkstatt von Walter Ebhardt, dem bekannten Schwarzaer Schuhmachermeister, den ich als einen außergewöhnlichen Menschen erlebt und schätzen gelernt habe. - Nicht selten saß ich an Samstagabenden in seiner Werkstatt, um mir das einzige Paar Schuhe, das ich besaß und das kaputt war, reparieren zu lassen. Unter der Woche konnte ich die Schuhe nicht zu ihm bringen, da brauchte ich sie ja tagsüber. Und ich brauchte sie bereits auch am nächsten Morgen wieder, und das sonntags wie wochentags. Am Sonntag musste ich schon relativ früh in der Kirche sein, um beim katholischen Gottesdienst zu ministrieren und zuvor auch noch die Glocken zu läuten. - So saß ich dann bei ihm barfuß und wartete bis die Schuhe wieder „fertig" waren. Meistens dauerte das etwa eine halbe Stunde oder auch etwas länger. Ebhardt wusste das alles, kannte meine Sorgen als wären es seine eigenen. Er half ohne Aufsehen davon zu machen, selbstlos, wie es ihm möglich war.

Nun, etwa sechzig Jahre später, konnte ich diese Ebhardt´sche Wirkungsstätte in der Heimatstube wieder erleben. Und ich bin dankbar dafür. Es sind eben nicht nur Emotionen, die da bei mir geweckt wurden.

Schuhwerkstatt Walter Ebhardt (1906-82)

1928 in Schwarza eröffnet und in Betrieb bis 1981 (ausgenommen 1939 – 45). *V*gl. auch Detail-Angaben in der Heimatstube „Weiße Schule" Schwarza.

Schuh-Ausputzmaschine mit Entstaubungsanlage (hinten). Davor der Tisch mit Lederwalze, Lederspaltmaschine und Schuhweite-Maschine

Nachdem das Leder zusammengenäht worden ist und eventuell stellenweise zu dick ist, kann es mit der Leder-Spaltmaschine, z. B. vom Schuhinneren her, geeignet abgetragen werden. - Täschner haben ähnliches Werkzeug für ähnliche Zwecke in Verwendung. Mit der Schuhweite-Maschine kann man den Schuh, nachdem das Schuh-Leder eingefeuchtet wurde, dem Fuße anpassen und entsprechend aufweiten.

Karussel-Klebepresse

Bis zu zehn Schuhe, vom Stiefel und Absatzschuh bis hin zum Kinderschuh können damit bearbeitet werden.

Lederstanze mit Stanzeisen

Mittels Hebelbetätigung können die Schuhsohlen, die man zwischen die beiden runden Platten einbringt, entsprechend ausgestanzt werden.

Aufrauhmschine

Mit ihr werden die Ledersohlen aufgeraut

Randnähmaschine

Hand-betrieben werden mit ihr die Ränder-Schuhsohlen passend genäht

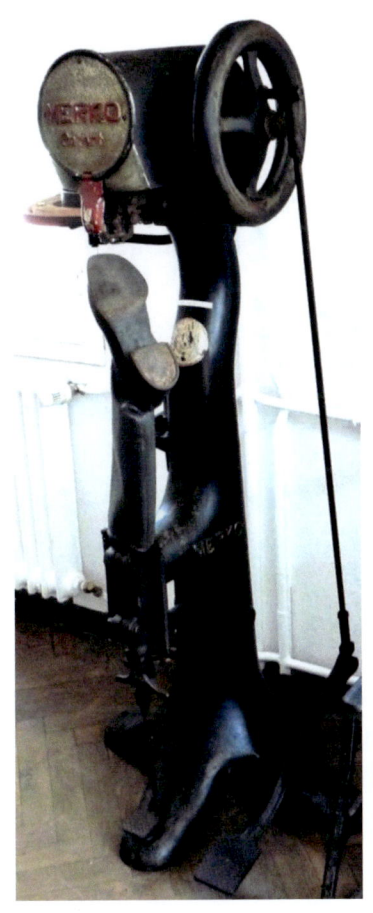 

Holznagel-Maschine *Sattler-Nähmaschine*

Bei Handbetrieb ist jeder Sattler-Stich genauer. Für größere Bahnen allerdings - etwa bei Gürteln - ist der schnellere Fußbetrieb sinnvoll. - Und durch alternatives Holz-Nageln mit der linken Maschine kann das Nägel-Rosten vermieden werden.

Mein Erleben der Nestler-Mühle und der „Gold-Fluss" Schwarza

Vielleicht war es ihre zentrale Lage in der Region, vielleicht war es aber auch das Wissen um die Rolle dieser Mühle, die mit dem Mahlen des Korns für die Versorgung der Menschen der Region wohl die wichtigste Maschine war. Und sie war das nicht nur zur jetzigen Zeit, sie war das schon vor Jahrhunderten. Fakt ist: All das nötigte mir großen Respekt ab. Wie oft ging ich an dieser Mühle vorbei, die Lache, Kirche und Schule im Blickfeld. Und wenn ich mir in der nur wenige Meter gegenüber gelegenen Ortsbibliothek ein Buch auslieh oder einen Blick in das benachbarte Kino oder in die Volkswacht im dortigen Schaukasten wagte, die Nestler-Mühle war nicht nur hinter meinem Rücken präsent, nein, sie war das auch in meinem Kopf.

Klaus Nestler, seit schon fast 50 Jahre der „Chef des Mühlen-Betriebs", den ich nach dem Straßen- und Jubiläumstreffen besuchen und sprechen konnte, hatte in seinem Beitrag zur Heimat-Geschichte Schwarzas 2004 [21] die Geschichte dieser Mühle skizziert.

Soweit man überhaupt die Geschichte dieses Marktfleckens rückverfolgen kann, gab es hier bereits auch eine Mühle, aber urkundlich wurde sie erstmals Anfang des 16. Jahrhunderts erwähnt. Verschiedene Momente waren für deren Anlegung und Bestand besonders wichtig und vorteilhaft: Zum einen war es die Delta-Form der Schwarza bei ihrer Mündung in die Saale, die dazu anregte, einen ihrer beiden Seitenarme für die Mühle zu nutzen, zum anderen war es der sogenannte „Mahlzwang", wonach die ansässigen Bauern ihr Getreide auch in dieser Mühle mahlen lassen mussten. Besonders günstig auch der Fakt: Die Schwarza, häufig auch als „Gold-Fluss" bezeichnet, fließt von ihrer Quelle bei Scheibe-Alsbach nahe dem Rennsteig nach Schwarza vor allem durch Schiefergebirge und besitzt dadurch weiches Wasser. Also Wasser, das für alle Verwendungen besonders geeignet ist, weil bei ihm, im Gegensatz zum harten Wasser, die störenden Kalksteinablagerungen nicht auftreten.

Die Schwarza gilt als der Gold-reichste Fluss in Deutschland, und der Überlieferung zufolge waren es im 16. Jahrhundert bis zu vier Tonnen reines Gold, die hier gewonnen wurden. Ihr Name ist für mich aber vor allem ein Synonym der Wertschätzung, für die an ihrem Ufer anliegenden Betriebe etwa zur Holzverarbeitung und Harzgewinnung oder wie in Schwarza zum Betrieb der Nestler-Mühle und des entstandenen Zellwolle-Betriebs, dem späterem Chemiefaserkombinat.

Der 1903 erfolgte Neubau des Schwarza-Wehrs, auch „Wehr Nestler-Mühle" genannt, war dem ursächlich wohl auch zuzuordnen. Schon wenige Jahre später wurde die neben dem Nestler-Haus fließende – im Bild dokumentierte - Lache zur Erzeugung von Strom für den Mühlen-Betrieb genutzt. Seitdem hat sich die Getreidemenge, die hier gemahlen wird, mit 25 Tonnen pro Tag mehr als verdoppelt.

1935, als sich die Zellwolle AG etablierte, brauchte diese das weiche Wasser für ihren Betrieb, sowohl als Kesselwasser als auch ganz allgemein zur Herstellung ihrer Produkte. Das hatte Vorrang im Standort Schwarza, und es fehlte nun der Nestler-Mühle für ihre Stromerzeugung. 1998 erhielt sie aber ihre einstigen Rechte zur Nutzung des Wassers der Schwarza zurück und eine Stromerzeugung wie einst war dadurch wieder möglich. Nun mit Turbinen, und zwar mit der 60 PS-Francis-Turbine für die Walzenstühle.

Die Lache direkt zur Nestler-Mühle

Die Lache vor ihrer Einmündung in die Saale [26]. Links davor die Einläufe zum CFK

Die beiden Einläufe links vor dem Wehr der Lache zur Saale und die Schornsteine des Chemiefaserkombinats im Hintergrund [26]

Von hier aus wird über die sich an die Einläufe anschließende Heber-Anlage das weiche Wasser der Lache zum Kraftwerk des CFK geleitet.

Die Nestler-Mühle

Nestler-Mühle mit Wohngebäude. Angeschlossen ist seit 1990 auch der Mühlenladen und später die Bäckerei für alle hier erzeugten Produkte.

Der Mahlstein am Eingang der Mühle, das einstige Wahrzeichen der Mühle

Der Mahlstein war einst die zentrale Einheit der Mühle. Er musste eine Spiral- oder Bogenschärfe derart besitzen, dass das Zerkleinern des Mahlguts, das sich im Mahlspalt zwischen dem unbeweglichen Bodenstein und dem darüber drehenden Läuferstein befindet, optimal ist. Außerdem sollte der Kreuzungswinkel der Furchen von Boden- und Läuferstein gleich bleiben, damit die beim Mahlen entstehende Wärme möglichst klein gehalten werden kann. Bei den Walzenstühlen wird diese Funktion von den gegeneinander sich drehenden Walzen übernommen. Ihre Riffelung und ihr Abstand voneinander bestimmen jetzt die Mahlwirkung

1907 war die Einrichtung der Mühle auf den damals modernsten Stand gebracht worden. 1925 bis 1950 wurden Walzen in Walzenstühle eingerichtet, die an die Stelle der einstigen Mahl-steine traten. Wiederholte Durchgänge des Mahlgutes im Walzenstuhl sind einfach und solange angebracht, bis der gewünschte Ausmahlungsgrad und die gewünschte Mahlqualität erreicht sind.

Nach der „Wende" wurden weitere wichtige Schritte zur Modernisierung der Schwarzaer Mühle getan, wie man das auch aus den neu angefertigten folgenden Bildern zu den Walzenstühlen schlussfolgern kann. Der einfache Zugang sowohl zu den Beschickungsmodulen als auch zu allen anderen Teilen der Walzenstühle ist dabei auffallend günstig. Das betrifft die Reinigung des Getreides, sowie die mit Elevator und Plansichter einfache Trennung der unterschiedlichen Produkte Mehl, Kleie etc. und deren Abfüllung.

Heute sind die Walzenstühle das Herz der Mühle. Sie ermöglichen nicht nur eine perfekte Vermahlung, sondern auch eine hohe Vermahlungsstabilität bei höchstem Hygienestandard und größter Produktionssicherheit.

*Doppel-Walzenstühle mit 60 PS Francis-Turbine
(Seck & Große) und Beschickungsanlage*

Die anderen drei der insgesamt sechs Walzenstühle der „25-Tonnen-Mühle" von der anderen Seite aus betrachtet

Walzen-Paar für einen Walzenstuhl in der Nestler-Mühle

Außer der Vermahlung von Korn widmet man sich heute auch der Vermahlung von Dinkel, Emmer und Einkorn. Die Vermarktung von den beiden letztgenannten Produkten steht allerdings noch am Anfang.

Der inzwischen der Mühle angeschlossene Verkaufsladen entwickelt sich mehr und mehr zu einem zusätzlichen Standbein und unterstützt vielleicht auch die Vermarktung.

Bei meiner nächsten Schwarza-Tour wird da mein Mühlenbesuch ganz sicher mit einigen dieser Mühlenprodukte in meinem Einkaufskorb enden.

Der Mühlenladen, der der Mühle angeschlossen ist, besitzt ein breitgefächertes Angebot von Mühlen- und Naturprodukten

Korbmacherei Witt und „Lebensmittel-Kehrmann" & Nachfolger

*Im Fokus von Aufmerksamkeit zu stehen,
im eigentlichen Leben aber abseits zu sein,
Verständnis und Hilfe jedoch zu geben,
bringt dafür Licht und Sonnenschein.*

Sie standen - wie ich meine - weniger im Fokus des regionalen Schaffens. Aber sie trugen ganz wesentlich dazu bei, jeder auf seine Art, dass man sich hier wohlfühlen konnte.

Ich habe immer wieder die Erfahrung gemacht, dass es meist nur wenige Menschen in einer Region waren, die in dieser Weise wirkten, nur scheinbar im Kleinen, tatsächlich aber mit großer Ausstrahlung für die gesamte Region. Und ich glaube, sie hatten auch für sich das Goethe-Zitat verinnerlicht, ohne sich dem explizit vielleicht bewusst zu sein:

*„Willst du glücklich sein im Leben,
trage bei zu anderen Glück.
Denn die Freude, die wir geben,
kehrt ins eigene Herz zurück."*

Natürlich erinnere ich mich gern an sie.

Der Korbmacher Heinz Witt gehörte zu ihnen. Er hatte nach 1945 in Schwarza seine Werkstatt zunächst in der Saalfelder Straße, später aber im etwas näher zur Wohnung gelegenen Tiergarten. Sie war in einem Gebäude, das zuvor als Weberei diente. In den Anfangsjahren wurden in der Werkstatt Witt vor allem Körbe und ähnliche Dinge für die Landwirtschaft gefertigt. - Im Laufe der Zeit wurde aus dem Korbflechten aber immer mehr ein Kunsthandwerk.

Die einstige Korbmacher-Werkstatt im Tiergarten

Ehe die Flechtarbeiten beginnen, sind die Gestelle für die Korbwaren zu bauen. Meister Heinz Witt vermißt dazu einen Rahmen

Heinz Witt hier beim Ausmessen der Gestelle für die zu bauenden Korbwaren. Jeder Korb war ein Unikat.

Da musste alles stimmen. Vieles davon hat er an die, die nach ihm kamen, weitergegeben.

Bild und Text aus einer Lokalzeitung der Region der 60er Jahre.

Es kam auch ein- oder zweimal vor, dass ich Heinz Witt nicht in seiner Werkstatt, sondern zu Hause aufsuchte. Er und seine Familie wohnten ja nur wenige Meter – vielleicht 50 m – von uns entfernt. Ich wusste damals gar nicht, wo er die eigentliche Werkstatt hatte.

So war es jedenfalls für mich am einfachsten. Am beschädigten Wäschekorb war etwas – nur ganz wenig - zu reparieren. Wir brauchten ihn auch umgehend wieder, um die frisch gewaschene Wäsche, Bettwäsche und Kleidung, wovon wir nicht gerade viel besaßen, mit dem Handwagen zur „Wäsche-Rolle" nahe Westbahnhof zu fahren. Einen Autotransport gab es da ja noch nicht.

Heinz Witt, war natürlich eine Respektsperson für mich. Ich schätzte sein Handwerk, hatte davon als ein mehr technisch Interessierter keine Ahnung. Ich wusste aber, dass es sich bei diesem Handwerk um ein fast uraltes Handwerk handelt und dass bei ihm so gut wie keine Technik eingesetzt wurde. Dafür waren aber umso mehr Kopf und Hände gefragt. Die ganze Person wurde dabei gefordert.

Heinz Witt half nun ohne viele Worte. Und ich hatte so damit das Glück, dass die Korb-Reparatur - wie gewünscht - auch ganz schnell erledigt war.

Heute würde ich die Korbmacherei nicht primär wegen eines zu reparierenden Wäschekorbs aufsuchen. Eher schon wegen eines Einkaufskorbs, in dem man sowohl zwei oder drei Getränke-Flaschen als auch Brot, Obst und vielleicht Gemüse separat voneinander unterbringen kann. -

Ich glaube auch, dass die ausgeprägte Schwarzaer Flusslandschaft mit den beiden Seitenarmen der Schwarza in die Saale und die hier auch vorhandenen ausreichenden Weidebestände ganz wichtig für die Korbmacherei waren und auch weiterhin sein werden.

Menschen wie Korbmacher Witt, setzten auch ganz wesentliche Akzente für die Region, nämlich, dass Menschen, die hier wohnten, glücklich und zufrieden sein konnten. Aber all das schloss nicht aus, dass mit der Entwicklung vor allem der Kunststoffindustrie die

Naturmaterialien wie Weide, Korbrohr oder Binsen zunehmend durch moderne Werkstoffe ersetzt wurden und auch die prosperierende Möbelindustrie das Korbmacherhandwerk mehr und mehr verdrängte.

Allerdings habe ich gegenwärtig fast den Eindruck, dass sich in der heutigen digitalen Welt mit Massentierhaltung und Intensivierung der Landwirtschaft die Einstellung zu natürlichen Ressourcen, zu ihrer Pflege und Erhaltung, deutlich gewandelt hat. Man begreift immer mehr, um welchen Reichtum der Natur es sich hierbei handelt. Und mir scheint, dass auch das Korbmacherhandwerk so etwas wie eine Renaissance erlebt. Flechtwerke mit geschälter oder ungeschälter Weide und verschiedener Farbgebung werden so z.B. nebst Körben und Korbwagen auch für architektonische Strukturelemente wie Schiebeläden und Raumteiler zunehmend verwendet. Ein Wechselspiel von Licht und Schatten in den unterschiedlichsten Räumen und Konstellationen kann so - wie gewünscht - kreiert werden.

Im Gegensatz dazu war ich relativ häufig bei Kehrmann, im Lebensmittel-Laden nahe der Schule und dem Westbahnhof. Hier holte ich mir gern, ab und an in der Woche, für 10 Pfennig ein Toffee und auch ein Brötchen zum gleichen Preis. Die Bedienung war da immer sehr freundlich. Gleiches galt auch im Laden für Kartoffeln oder Kohle, nur einige Meter links parallel zu den Eisenbahnschienen und gegenüber dem Bahnhofshäuschen des Westbahnhofs. Hier kaufte ich schon mal einen Sack Kartoffeln. Und dort meldeten auch andere ihre Wünsche an, wenn sie mit Kartoffeln oder Kohle beliefert werden wollten. Sie wurden dann auch von den „Kehrmanns" beliefert, auch wenn sie nicht gleich bezahlen konnten. Sie hatten dann bei Kehrmann so etwas wie eine Gutschrift oder wie einen Kredit zu begleichen. Das sollte bald und nicht in ferner Zukunft geschehen. Bei manchen blieb es aber nur beim Wollen. Und die „Kehrmanns" warteten vergebens.

Nichtsdestotrotz: „Die Kehrmanns" sahen diese Dinge doch mit einer gewissen bewundernswerten Gelassenheit. Sie waren arbeitsam und höflich, strahlten damit auch eine besondere Souveränität aus, nahmen sich dabei selbst zurück und setzten so für andere Maßstäbe.

Schwarza-Wehr - auch Wehr Nestler-Mühle genannt - und Lebensmittelgeschäft Kehrmann (links hinten im Bild)

Das Kehrmann-Geschäft am Fuße des Gemeindebergs gelegen, direkt an der B88-Brücke, die über die Schwarza führt. Davor das Schwarza-Wehr mit den Handrädern für die Schütze zur Wasserdurchfluss-Regulierung und die ehemalige Eisenbahnbrücke. Ganz nahe an diesem Geschäft, fast vis-a-vis zur B88 (im Bild nicht mehr zu sehen), befand sich einst die kleine Güterbahnhof-Abladestelle der Kehrmanns für Kohle und Kartoffeln. Etwas, was heute so undenkbar ist.

Die kleine Verkaufsstelle für Kartoffeln und Kohle (heute zusätzlich für Fisch), links vom Kehrmann-Geschäft, nahe Westbahnhof und Abladestelle (Bild aus der Gegenwart).

Die Familie Kehrmann war eine große Bereicherung im kleinen Schwarza, eine Bereicherung für das dortige Zusammenleben. So und vor allem respektvoll habe ich das jedenfalls als kleiner Bub immer empfunden.

Später hatte mich aber vor allem etwas ganz anderes viel mehr und tief ergriffen. Es war das Schicksal der Kehrmanns, von Karl Kehrmann und seiner Familie. Ich glaube, das Schicksal von Karl Kehrmann hat auch viele andere im Ort sehr bewegt. Mich hat es darüber hinaus vor allem auch sehr geprägt. Und vielleicht war es auch ursächlich damit verbunden, dass ich später bei einem Besuch meiner Ursprungsheimat Oberschlesien zusammen mit meiner Tochter das KZ Auschwitz besuchte.

Karl Kehrmann, der 1890 als Sohn eines jüdischen Kaufmanns geboren wurde, hatte 1920 dessen Schwarzaer Lebensmitel-Geschäft übernommen. Nach mehrfachen Inhaftierungen durch das nazistische Regime im KZ Buchenwald wurde er 1942 in der Euthanasie-Anstalt in Bernburg/Saale barbarisch ermordet. Zum Gedächtnis daran erinnert die Inschrift, die in das aus vergoldetem Messing bestehende Schild, dem sogenannten Stolperstein, eingraviert ist. Dieser Stolperstein wurde im Bürgersteig vor dem Eingang des Kehrmann-Ladens verlegt. In analoger Weise erfolgte das auch für den ebenfalls von den Nazis ermordeten ehemaligen Fabrikanten Max Hentschel in Bad Blankenburg und in anderen Orten Deutschlands.

Heute nehme ich den Stolperstein, wenn ich am ehemaligen Kehrmann-Laden vorbeilaufe, fast nur noch unbewusst wahr.

Es erfüllt mich aber doch in besonderer Weise, dass gerade auch von der Schiller-Schule Rudolstadts Aktivitäten zur Verlegung dieses besonderen Steins ausgingen und auch in Projekten durch Schüler der Schule weiter bearbeitet wurden. Wie ich bereits in „Wider das Vergessen" [5] ausführlicher zitiert habe, hatte bereits Schiller auf die einstige barbarische Behandlung der Juden auch schon hunderte Jahre früher durch ihre Unterdrücker in seiner Antrittsvorlesung an der Universität in Jena hingewiesen. „Von Gestern für das Heute lernen" war damals wie heute aktuell.

Zukunfts-Hoffnungen

Nicht allzu lange nach meiner Ausreise, kurz nach dem Mauerfall, hatte ich von Kollegen meiner ehemaligen Dienststelle, dem Zentralinstitut für Festkörperphysik und Werkstoffforschung Dresden, die Anfrage erhalten, ob es vielleicht möglich sein könnte, ein gemeinsames Projekt zu neuartigen Laser-Untersuchungen mit meinem neuen Stuttgtarter Institut beim Deutschen Zentrums für Luft- und Raumfahrt anzubahnen. Und da man in meinem jetzigen Institut und in Baden-Württemberg einer solchen Fragestellung sehr positiv gegenüberstand, machte ich mich sogleich nach Dresden auf den Weg. Was dort einstmals war, spielte nun bei mir keine Rolle. Ich konnte jetzt das, was mit dem möglichen Projekt im Zusammenhang stand, ganz wesentlich mitentscheiden oder auch gänzlich allein entscheiden. Und die ehemaligen Kollegen, die bei mir anfragten, waren nicht der Grund für meine Ausreise. Wir unterschieden uns ja kaum. Sie waren ohnehin aus einem anderen Holz geschnitzt als die Partei-Karrieristen, die in diesem Vorhaben keinen Platz hatten und mit denen das Projekt nicht zustande gekommen wäre. Die fachliche Kompetenz sowie der zu erwartende Forschungserfolg waren nun das alleinige Maß.

Mir ging es dann allerdings durch Mark und Bein, als ich mit dem Auto den ehemaligen Grenzübergang Hof passierte. Willkommens-Plakate waren da über der Straße aufgehängt. Und mich begleiteten anschließend zwei Motorradfahrer einige Kilometer, rechts und links flankiert von mir. Ich war in einem Extase-ähnlichen Zustand und musste oft tief durchatmen.

Das erhoffte Projekt mit dem Dresdner Institut kam schließlich auch zustande und lief erfolgrich über einen relativ langen Zeitraum, mehrere Jahre lang.

In den folgenden Jahren war ich dann fast regelmäßig zu den jährlichen Abi-Treffen in Rudolstadt. Verbunden damit war natürlich die Ortsdurchfahrt durch Schwarza, aber ohne einen größeren Aufenthalt. Ich musste aber leider erleben - „schmerzhaft" muss ich da schon sagen - wie vieles von dem, was mir einst wichtig war, zunehmend verschwand. Es ist auch nur schwer zu beschreiben, was ich empfand, wenn ich von Stuttgart-Schweinfurt die A71 über Bad Blankenburg kommend, am „Bremer Hof" die Kreuzung in Richtung Rudolstadt passierte. Das war zehn Jahre danach nicht viel anders. Vielleicht sogar schlimmer. Nun, weitere zehn Jahre später, hatte sich doch da - ganz offensichtlich - einiges geändert. Im April 2016, zum Straßentreffen und 60. Schuljubiläum, konnte ich mir auch deutlich mehr Zeit nehmen. All das, was mich interessierte, konnte ich nun etwas näher anschauen. Ich suchte jetzt Zeigerheim und die Volkstedter Riviera auf, wanderte zur Preilipper Kuppe und zum gegenüberliegenden Berg, wo einst die Zehnjahresschule stand, wo unsere Ski-Abfahrt und unser „Fußball-Feld Lehmgrube" war. Verschiedene Ortsteile Schwarzas konnte ich nun genauer „unter die Lupe nehmen". Ich sah jetzt vieles mit „anderen Augen", sah weniger „Grau in Grau" wie früher, stattdessen viel mehr Grün, verputzte, restaurierte und oft ganz neu erbaute Häuser mit blühenden Gärten, auch häufig ordentliche Straßen und Bürgersteige. Noch nicht alles so, wie man sich das wünscht. Aber erfreulich auf jeden Fall. Ich sah auch desolate Häuser und weniger ansprechende Straßen. Aber immerhin. Es waren nicht nur Ansätze, es war deutlich mehr. Vielleicht war da auch schon ein Mehr von Lebensqualität dabei. Erste Erfüllungen außerhalb der wünschenswerten geregelten Arbeit. Bei meinem Rundgang habe ich mich aber auch gefragt, wo kann man sich jetzt hier nach getaner Arbeit in geselliger Runde mal niederlassen, wie das früher möglich war? Kurze Wandertouren, wie zum Greifenstein oder Kulm, wie man sie auch heute etwa in dem Drei Städte-Weg-Verzeichnis findet, standen da auf einem ganz anderen Blatt. Die vielen Aussichtspunkte im nahen Umfeld, jetzt, im Gegensatz zu früher, meist im Grünen gelegen, bieten sich nun besonders an. Aber auch da muss noch einiges getan werden. Der Wiederaufbau der Schutzhütte der Preilipper Kuppe nach historischem Vorbild gehört dazu. Ihre Sanierung war ja bereits vor sechzehn Jahren erfolgt. Da hatte ich doch nun einiges mehr erwartet, als ich dort oben stand.

Generell gibt es auch im Schwarza-Saale-Bereich noch mehr touristische Möglichkeiten als die, von denen man bislang Gebrauch gemacht hat. Ich konnte bei meinem Trip am Fuße der Preilipper Kuppe mehrere junge Menschen erleben, die sich von hier aus mit ihren Booten auf eine Saale-Tour in Richtung Jena begaben. Etwas, was ich von früher so nicht kannte.

Eine weitere Verbesserung der mobilen Vernetzung in der Region könnte nicht nur den Weg zur Arbeit erleichtern, sie könnte hier auch den Freizeitwert deutlich erhöhen.

Die natürlichen Ressourcen, die enorme Vegetation und der Holzreichtum in diesem Gebiet, die Schwarza mit ihrem weichen Wasser und den Erzen wie Eisen, Kupfer, Silber und Gold, sind Reichtümer der Natur, die vielleicht auch noch besser genutzt werden könnten. In der Vergangenheit gab es diese Nutzung ja bereits vor allem am Ober- und Mittellauf der Schwarza. Es war die Nutzung z. B. für die Erzgewinnung und -verarbeitung, für die Seifen- und Harzherstellung.

Mehr und mehr wirkt sich jetzt aber auch die geringere Verschmutzung von Luft und Boden positiv aus, für die Biosphäre und für eine größere Reinheit des Wassers der Schwarza. Das wiederum hat natürlich auch Nutzung zur Folge, zum Beispiel als Kesselspeisewasser oder auch bei der Produktion von Zellstoff, Papier oder Chemiefaser. Die neuen Technologien sollten außerdem zusätzliche Möglichkeiten bieten. Erfahrungen aus Zeiten des Zellwolle-Betriebes aus der Vergangengenheit könnten da zusätzlich von Nutzen sein.

Blick von der Preilipper Kuppe aus
Neue Industrie im Schwarzaer Raum mit Papierfabrik,
EMS, TVS, INTROTEC und TITK am Fuße des Berghanges

Damit diese Kenntnisse nicht in Vergessenheit geraten, hat sich der Geschichtsverein Schwarza im Besonderen bemüht und auch verdient gemacht. Anlässlich des 80jährigen Bestehens Chemie-Standortes Schwarza, der seinen Anfang nahm mit der Gründung der

Spinnfaser AG im Juni 1935 und deren Umbenennung in Thüringer Zellwolle AG Anfang 1936, wurde von ihm eine Festschrift herausgegeben, die auf 240 Seiten alles Wichtige zur Geschichte und Entwicklung dieses Standortes und der Chemiefaser enthält.

Im Zuge der unglücklichen Suche nach notwendigen Investitionen für die Chemiefaserproduktion, vor allem nach der „Wende", und damit auch nach Investoren für diesen Industriestandort, musste hier in der Folgezeit die komplette Viskosefaserproduktion eingestellt werden. Der Abwicklung des Chemiefaserkombinates ging einher die Insolvenz der Thüringischen Faser AG Schwarza. Das Kraftwerk allerdings, das als moderner Energiebetrieb bereits ein wesentlicher Bestandteil der Zellwolle AG war, überstand jegliche betriebliche Demontage. Mit Weitblick war es mit der Zellwolle AG zu deren Versorgung mit Strom und zur Bereitstellung von Hilfsenergien für verschiedene Wasserarten, Druckluft, Vakuum und Kälte errichtet worden. So war das bereits zur Zeit der Entstehung des Industriestandorts das Herz des Betriebes. Und so ist es das auch heute noch. 1994 wurde dieses Kraftwerk von der Thüringer Energie AG (TEAG) aus der Konkursmasse der Thüringischen Faser AG übernommen. Seiner Umbenennung zu Energie- und Medienversorgung Schwarza (EMS) folgte auch noch eine deutliche Erweiterung und Modernisierung, sodass damit eine zuverlässige Versorgung des Industriegebietes Schwarza und vieler weiterer Gewerbebetriebe mit Elektroenergie, Wärme, Brauch- und Prozesswasser, Druckluft und Stickstoff sichergestellt werden konnte. Und das gilt auch heute ebenso. Darüber hinaus werden gegenwärtig von diesem Betrieb EMS zusätzlich Rudolstadt und Bad Blankenburg mit Fernwärme versorgt.

Ebenfalls zukunftsorientiert die in diesem Industriepark für den gesamten Standort aufgebaute moderne Industrieabwasseranlage INTROTEC Schwarza, die 1998 in Betrieb genommen wurde und inzwischen von mehr als 20 Betrieben für ihre Abwasserklärung genutzt wird. Ähnliches gilt auch für die 2004 auf dem Gelände der einstigen Ascheteiche, der Deponie der Kohlenasche des Kraftwerks, errichteten Papierfabrik Jass, die in hohem Maße für ihre Herstellung von Wellrohrpapier aus Papierabfällen dieses vorhandene technische Umfeld incl. Energieversorgung nutzen konnte.

Zur Verwertung der Rejekte, der heizwertreichen Restwerkstoffe der Papierfabrik Jass, ist 2008 die Thermische Verwertungsanlage Schwarza TVS in Betrieb genommen, die die Rejekte verbrennt. Kostengünstig kann so Dampf erzeugt werden, der techchnologisch von der Fa. Jass und anderen Betrieben genutzt werden kann [26].

Besonders nachhaltig war bei meinen Recherchen in Schwarza die Entwicklung des ehemaligen Instituts für Textiltechnologie der Chemiefaser. Hier arbeitete meine Mutter einst in der sogenannten „Tragversuche"-Abteilung. Ein Teil der damals neu hergestellten Stoffe wurden dort „geschneidert", d. h. aus ihnen wurden Unterwäsche oder Oberbekleidung, wie Anzüge oder Kostüme gefertigt. Diese trugen dann Angehörige eine Zeitlang zwecks Qualitätskontrolle. Ähnliches galt auch für die hergestellten Perlon- oder Dederonstrümpfe. Schwerpunkt war da allerdings das Repassieren der Strümpfe. Ich glaube, damals wurden so wichtige Erfahrungen gesammelt und Erkenntnisse gewonnen, die in die Grundlagen der dortigen Forschung eingeflossen sind. Das gesamte Potential des Betriebes - auch in der Außendarstellung - wurde dadurch nicht unwesentlich gestärkt.

Das sich daraus entwickelte Thüringer Institut für Textil- und Kunststoff-Forschung TITK, das in dem Industriepark integriert ist, hat ganz wesentlich diesen Gewerbepark zu einem Kompetenzzentrum für nachwachsende Rohstoffe entwickelt, wobei auch polymere Rohstoffe einbezogen wurden [25].

Mittlerweile gibt es im Industriepark Schwarza über 2000 Arbeitskräfte.

Traditionsbedingt gelten für die Anstellungen die Kompetenzen in Chemie, in der Textil-, Papier- und Faserstoff-Branche. Und für mich eine nicht unwesentliche Randerscheinung: Ehemalige Mitarbeiter des CFK schienen für das neue Tätigkeitsfeld besonders geeignet zu sein und waren so favorisiert bei Neueinstellungen.

Der akademische Nachwuchs rekrutiert sich vor allem aus den nahegelegenen Hochschulen wie z. B. der TU Ilmenau, der Friedrich-Schiller-Universität Jena oder auch der Fachhochschule Jena.

All das stärkt die Entwicklung des Industrieparks Schwarza und generell auch die Bereitschaft, in diesen zu investieren. Und das berechtigt natürlich zu Hoffnungen für seine Zukunft.

Auch in der Gegend, wo ich einst wohnte, hat sich eine Menge getan, vielleicht sogar am meisten innerhalb des Wohnkomplexes Schwarza. Trotz alledem steht da aber noch einiges an, um z. B. die abgerissenen Plattenbauten wirklich vergessen zu machen.

Die Organisatoren des erstmals in Schwarza durchgeführten Straßentreffens hatten „im Auge", dieses Treffen vor allem auf die ehemaligen Bewohner dieses Wohnbereichs um die um die Friedrich Engels-Straße zu beschränken, und zwar unabhängig von den örtlichen Gegebenheiten. Eine möglichst gute Gaststätte sollte aber unbedingt in der Nähe sein. Das unweit in der Werner Seelenbinder-Straße gelegene „Nemo" war da die richtige Adresse. Außerdem sollte es vor allem auch mit der Bekanntmachung dieses Treffens klappen.

Ich wusste vor diesem Treffen kaum etwas von den hiesigen erfolgten Abrissarbeiten und so gut wie nichts zu dem, was da neu entstand. Um so mehr war ich dann doch überrascht, als ich nach dem Kaffee-Trinken der Veranstaltung beim Rundgang im näheren Bereich Werner Seelenbinder-Straße Friedrich Engels-Straße ein ganz anderes Bild von diesem Wohngbiet erhielt als ich es vermutete. Ich sah zwar die Stellen, wo ein Abriss erfolgte. Ich sah aber auch, dass vieles hier ganz anders oder auch ganz neu war. Besonders auffallend die restaurierte Ilfrich-Villa, die ehemalige Villa von Richard Wolff, der vor mehr als 100 Jahren der Begründer und Besitzer der Schwarzburger Papierzellstoff-Fabrik war. Dort wohnte eine Mitschülerin von mir. Einst fanden von denen, die in der Nähe wohnten, im großen Garten der Villa Versteckspiele statt. Das war nicht gerade selten. Und ich war einer von ihnen. Hier gab es auch genügend Bäume und Sträucher, wo man sich verdingen konnte. Und selbst in der Villa, bis hin zum Dachboden, hatten wir die eine oder andere Ecke für uns als Versteck gefunden. Genügend gab es jedenfalls davon. All das war schon ein wenig außergewöhnlich. Wir sind damit damals noch nicht einmal besonders aufgefallen. Schon gar nicht irgendwie negativ. Heute wäre so etwas völlig undenkbar. - Auf der zur Straße abgewandten Seite der Villa, zu den Gleisen des Saalbahnhofs, hatten wir außerdem noch genügend Auslauf. - Das war vor vielen Jahren so. Die Villa und das „Drumherum" waren nicht so komfortabel, so perfekt wie heute. Jetzt war ich fasziniert von dem, was ich da wahrnehmen konnte. So etwas nötigt ganz einfach Respekt ab. Ich habe mich gefragt, ob es hier nicht vielleicht doch mal fürstliche Verbindungen gegeben haben könnte. Fragen taten sich auf, Emotionen wurden geweckt. Obwohl ein Einzelstück in der Straße, veränderte die Villa doch nicht unwesentlich das gesame Straßenbild. Und

*Die ehemalige Wolff'sche Villa in der Friedrich Engels-Straße.
Von uns, die wir hier wohnten, meist nur Ilfrich-Villa genannt.*

das sehr positiv. Heute sind Besucher des Ortes immer wieder beeindruckt davon - so wie ich - bleiben ganz einfach vor ihr stehen, schauen und staunen. Man könnte glauben, die Villa hat so etwas wie eine anziehende Kraft. Ihre Restauration zeigt, wie wichtig es ist, historisch wertvolle Bausubstanz zu erhalten oder nach dem historischen Vorbild gänzlich neu aufzubauen. Und diese Restauration setzte sich in anderer Weise bei anderen Gebäuden der Straße und des Ortes teilweise fort. Ich weiß, die Menschen, die hier wohnen, haben inzwischen auch ihre Freude daran.

Besonders tief meine Empfindungen, als ich, weniger als 100 m von dieser Villa entfernt, vor dem Haus Friedrich Engels-Straße 20 stand, wo ich meine Kindheit und Jugendzeit verbracht hatte. Die graue Fassade des Hauses von einst gab es jetzt nicht mehr. Der Gartenzaun von damals, bestehend aus morschem Holz und wakkelig dazu, war jetzt durch einen metallischen wesentlich stabileren Zaun ersetzt. Den Lampenmast, wie im Bild zu sehen, gab es da auch nicht, zumindestens dort nicht. Der hätte mich sehr gestört

Friedrich Engels-Straße 20, mein Zuhause von 1945 an, mehr als 25 Jahre

und vor allem auch bei meinen Aktivitäten behindert. Denn genau an dieser Stelle war der Ort, wo ich den Gartenzaun fast täglich auf meinem Weg nach Hause nach kurzem Anlauf vom Bürgersteig aus - ganz gleich, ob von der Seitenstraße zum zweiten Block oder von der Friedrich Engels-Straße Richtuing Bahnhofstraße kommend - mit einem einfachen Scherensprung überquerte. Nur selten benutzte ich das GartenEingangstor. Da musste ich schon irgendwie „beladen" oder anderweitig in ziemlich schlechter Verfassung gewesen sein. Ein bisschen wollte ich mich dabei auch bestätigen, denn es machte ja zudem noch Spaß.

Rückblickend denke ich häufig daran, und das auch im übertragenen Sinn: Vielleicht kann es machmal auch nicht schaden, etwas zu überspringen, um ein bestimmtes Ziel zu erreichen. Wenn man es dann nur richtig macht.

Ich erinnere mich an Dinge in Dresden, auf die im Folgenden etwas näher eingegangen wird und kann mir vorstellen, dass in ähnlicher Weise vielleicht auch in Schwarza Probleme gelöst werden könnten.

Ich denke da vor allem an das, was ich jetzt hinsichtlich ehemaliger Gaststätten und Siedelhöfe, historisch wichtiger Gebäude in Schwarza, gesehen habe. Und das erfüllt mich mit Sorge.

Die Wurzeln des Bauernbarocks, wie er in der Laurentiuskirche in großartiger Weise seinen Niederschlag gefunden hat, sind nicht zu trennen von dem bäuerlichen Umfeld der Region, insbesondere nicht von der dortigen Siedelhof-Tradition. Die Gaststätte „Zum Goldenen Löwen" gehört auch zu diesem Gesamtbild. Das Wappen an ihrem Eingang dokumentiert das mit Nachdruck. Es ist zusammen ein kulturhistorisches Ensemble von besonderem Wert.

Ich selbst habe da wichtige Erfahrungen in Dresden gesammelt: Die durch den Bombenangriff auf Dresden im zweiten Weltkrieg stark beschädigte Semperoper musste gesichert werden, um sie nicht dem Verfall preiszugeben.

Bei einer der jährlichen Festparaden zum 13. Februar der 70er Jahre, dem Tag der Bombardierung Dresdens, durchbrach ein Dresdner, einer aus der Bürgerbewegung der Stadt, die Absperrungen im Bereich der damaligen Thälmann-Straße - Kulturpalast, übersprang gewissermaßen die aufgebauten Barrieren, um der dort postierten DDR-Staatsführung mit Willy Stoph an der Spitze, ein Schreiben von Bürgern Dresdens zur Sicherung der vor dem Verfall stehenden Semperoper zu übergeben. Denn alle anderen Bemühungen dazu waren bereits „verpufft". Und das schien die einzige Möglichkeit zu sein, um sich Gehör zu verschaffen. Es galt dabei vorrangig, den möglichen Abriss der Semperoper zu verhindern, um letztlich auch den Weg zu ihrem Wiederaufbau frei zu machen. Und das Ergebnis war, woran zuvor kaum einer geglaubt hatte: Die Sicherungsmaßnahmen wurden nach kurzer Zeit eingeleitet. Der Dachstuhl der Semperoper wurde so abgedeckt, dass ihr Mauerwerk und vor allem ihr Innenausbau durch störende Witterungen keinen weiteren Schaden erleiden konnten. Natürlich hatte man sich für die Zukunft noch einiges mehr erhofft. Es war aber letztlich der Start für die spätere Restaurierung der kompletten Semperoper.

Ähnliche Aktionen gab es Jahre später auch zum Erhalt des geschichtsträchtigen Gebäudes Große Meissner Straße 15. Dieses Gebäude war eines der nicht gerade übermäßig vorhandenen historisch wertvollen Bauwerke, die die Bombadierung Dresdens am 13. Februar 1945 unbeschadet überstanden hatten. Über mehr als zwei Jahrzehnte wurden aber daran keine Investitionen vorgenommen, sodass es sich 1981 in einem ziemlich desolaten Zustand befand. Es sollte abgerissen werden und zwar zu Gunsten von neu geplanten Hochhäusern der sogenannten Ostmoderne, einer DDR-Baukultur-Variante, mit der man sich der im Westen etablierten Moderne mit sozialistischen Merkmalen nähern wollte. Beispiele dafür waren Hochhäuser wie das fast 100 m hohe Devisenhotel „Merkur" in Leipzig oder das Internationale Handelszentrum an der Berliner Friedrichstraße.

Trotz deutschlandweiter Proteste wurde 1950 das 1442 erbaute Berliner Stadtschloss, eines der bedeutendsten Bauten der Barockkunst, in der historischen Mitte Berlins, gesprengt. An dessen Stelle wurde der Marx-Engels-Platz und später der Palast der Republik errichtet. Er sollte ein sozialistisches Volkshaus sein, musste aber wegen seines gesundheitsgefährdenden hohen Asbestbestandes 2006 wieder abgerissen werden.

An die Stelle der 1240 erbauten Leipziger Universitätskirche, auch Paulinerkirche genannt, die auch nahezu unbeschadet den 2. Weltkrieg überstand, sollte eine sozialistische Universität treten. Die Sprengung der Paulinerkirche wurde 1968 vom SED-Regime angeordnet. Wie in Berlin folgten auch hier viele Proteste von zahlreichen Bürgern. Damit verbunden aber auch anschließende Festnahmen und Verfolgungen. Der weiträumige Karl-Marx-Platz mit einem neuen sozialistischen Universitätsgebäude und dem Karl Marx-Bronzerelief trat an die Stelle der Kirche.

Diese Sprengungen in Berlin und Leipzig waren geschehen, weil es in der SED-Ideologie vom sozialistisch-kommunistischen Weltreich keinen Platz für deutsche Geschichte, kulturelle Tradition und auch Werte mit historischer Baukunst gab.

Etwas anders die Situation in Dresden: Die Vertragsabschlüsse für den Abriss des Gebäudes Große Meissner Straße 15 und für einen Ostmoderne-DDR-Neubau des dafür zuständigen Importausschusses Berlin mit der japanischen Kajima Corporation waren fertiggestellt und sollten zum Jahresende 1981 realisiert werden. Um aber diese Verträge und das damit vorgesehene Projekt nicht zu gefährden, wurden die Bürger der Stadt Dresden wie auch die Redakteure der Presse über alles Wesentliche zu dem Projekt, vor allem auch über den historischen Wert des Barockgebäudes, das u.a. auch einst Regierungsgebäude war, ganz gezielt falsch oder auch gar nicht informiert. Die Öffentlichkeit sollte von dem geplanten Vorhaben ausgeschlossen werden.

Ich selbst war einer von vielen der Bürgerbewegung Dresdens, war zwar Physiker, aber nebenamtlich zu dieser Zeit bereits mehr als zehn Jahre Vorsitzender der Kommision Kultur und Bildung der TU Bergakademie Freiberg, hatte so auch Kontakt zur Denkmalspflege in Dresden. Dadurch wusste ich von der berechtigten Annahme aus Recherchen, dass das Haus äußerst wertvolle barocke Wandmalereien und Architekturdetails haben musste, die wegen seines maroden Zustands aber leider nicht erkennbar waren.

Die Sprengung des Gebäudes sollte noch vor Jahresende 1981 erfolgen. Die Sprenglöcher waren dafür bereits gebohrt, und ich habe sie noch jetzt vor Augen. Dazu massive Proteste der Dresdner Denkmalpflege und der Dresdner Bürgerbewegung an die Partei- und Staatsführung, nachdem der Stadtarchitekt Dresdens ein entsprechendes Bürger-Votum zum Erhhalt der barocken Altbauten nicht weitergeleitet hatte [24]. Buchstäblich wenige Minuten vor Beginn der vorgesehenen Sprengung am 23. Dezember 1981 die persönliche Anordnung Honeckers [25], dass die Sprengung nicht erfolgen soll und dass das alte Gebäude und der gesamte alte barocke Straßenkomplex erhalten bleibt. Zu dieser Wende kam später noch ein weiterer positiver Aspekt hinzu: Die einzige erhaltene barocke Doppelhofanlage Dresdens wurde in den wesentlichen zentralen barocken Bau Große Meissner Strasse 15 zusätzlich integriert. Und am 13. Februar 1985 erfolgte dann zusammen mit der Semperoper die Wiedereröffnung dieses Hauses, jetzt als Hotel „Bellevue" eines der ersten Häuser der Stadt.

„Die Bürgerinitiative von 1981/82 war der erste große Sieg über Funktionärsentscheidungen in Dresden" [24].

Mehr und mehr änderte sich auch die Denkweise vieler Bürger in der Stadt. Der verdienstvolle Architekt und Denkmal-Konservator Hans Nadler hatte noch ganz vehement die Ansicht vertreten, den Stein-Ruinenberg der Frauenkirche als Mahnmal zu erhalten. Aber von vielen Bürgern Dresdens wurde zunehmend - so auch von mir - die These vertreten, dass das kein historisches Verdienst sei. - Es komme vielmehr darauf an, die Frauenkirche nach dem historischen Vorbild wieder aufzubauen. Und es dauerte nicht allzu lange, da wurde 1992 ihr Wiederaufbau beschlossen. Nadlers Verdienst dabei war aber trotzdem unumstritten, denn ohne seine Bemühungen um die sorgsame Bewahrung der Stein-Ruinen wäre der Wiederaufbau der Frauenkirche nach dem großartigen archäologischen Konzept - wie es von Ludwig Güttler u. a. vertreten wurde - nicht möglich gewesen.

Mit den Bemühungen zum Erhalt des Kulturerbes durch Wiederaufbau zahlreicher barocker Bauwerke ist ein Leben in Dresden eingekehrt, wie es das bislang wohl nicht gab. Touristen aus der ganzen Welt geben sich hier und heute ein Stelldichein wie ich es zuvor nicht erlebt hatte. Und als ehemaliger Dresdner muss ich sagen: Die Lebensqualität der Menschen der Stadt ist seitdem überdies - wie ich meine - wesentlich angestiegen.

Manchmal lohnt es sich eben doch, wie dieses Beispiel zeigt, zusätzlich noch etwas zu recherchieren oder gegebenenfalls auch störende Barrieren zu überspringen, um Hemmnisse auszuschalten, etwas zu ändern oder zu korrigieren, ehe vielleicht nicht wieder gut zu machende Fehler begangen werden. - Last but not least: Diejenigen, die für die genannten Sprenglöcher in Dresden verantwortlich waren, verschwanden wie Maulwürfe in ihren Löchern.

Der traditionsreiche Bremer Hof in Schwarza ist gerade abgerissen worden. Und auch um den Mittleren Siedelhof und Gasthof „Zum Goldenen Löwen" ist es nicht gut bestellt. Wahrzeichen des Ortes und der Region, marode und auch vom Abriss bedroht. Es sind geschichtsträchtige wertvolle Bauten, in die aber über Jahrzehnte, so wie ich das auch in Dresden erlebte, nichts investiert wurde. Sie könnten bei entsprechender Restaurierung in gleicher Weise von Jung und Alt genutzt werden. Möglicherweise kann dann doch das eine oder andere, wie etwa das ehemalige Kulturhaus, mit dem viele Schwarzaer posive Lebenserinnerungen verbinden, ein wenig vergessen werden. Durch Restauration alte Tradition mit neuem Leben zu erfüllen, scheint mir hier ganz wichtig zu sein. Es könnte einen positiven Domino-Effekt in dieser Region zur Folge haben mit posiven Reaktionen in der Kette von Natur, industriellem und kulturellem Umfeld, mit nicht zuletzt positiven Aktionen und Auswirkungen in und für einen wirklich modernen Schwarzaer Industriestandort. Und das für das Jetzt und Heute, vor allem aber auch für das Morgen, für die Zukunft und für die nachfolgenden Generationen.

Mit den wirtschaftlichen Fortschritten und mit etwas Engagement der Entscheidungsträger der Region sollte das möglich sein.

Die Historie Mackeldey beinhaltet außer ihrem Besitzstand wie die Siedelhöfe in Schwarza auch einen „Herr auf Schwarza" aus ihrem Hause. Einen „Herr auf Schwarza" gab es nicht nur da. Es gab ihn in Schwarza auch in jüngster Vergangenheit - wie an einigen Beispielen fragmentarisch aufgezeigt wurde - mit jenen besonderen Charakteristika, nicht primär auf den persönlichen Vorteil bedacht zu sein, sondern vor allem anderen im Leben zu helfen oder Freude zu bereiten und sich selbst dabei hintenan zu stellen. Es gab ihn mehrfach ohne Titel, im übertragenen Sinne, aber in den Augen vieler Menschen geadelt. Und ich glaube, solche besonderen Menschen gibt es auch heute in diesem Ort und der Region.

Ich glaube, man kann aus dem genannten Dresdner Beispiel einiges lernen, auch in und für Schwarza. Es muss nicht unbedingt zu ähnlichen Sachverhalten neue Voten oder Bürgerbegehren geben. Mir scheint es wichtig zu sein, das zu beherzigen, denn es gibt alle Voraussetzungen dafür, dass Schwarza und die Region eine gute Zukunft haben kann.

Nach Schulabgangsjubiläum und Straßentreffen sowie Round-Tour durch die Region hatte ich den abschließenden Besuch bei meinem „Straßentreffen-Gegenüber" P. U. und seiner Frau in der mir noch gut bekannten Schwarzaer Siedlung. Vieles ließen wir jetzt Revue passieren und das, worüber wir uns auch in den letzten Tagen ausgetauscht hatten, was ich hier zuletzt erlebt hatte und vor allem, was mich hier besonders bewegte. Und ich merkte gar nicht, wie doch die Zeit an diesem Abend davonlief.

Ich wohnte in diesen Tagen in Rudolstadt im Hotel „Adler". Hatte dort in der Rezeption meinen Zimmer-/Haustürschlüssel hinterlegt, musste deshab spätestens 22:00 Uhr wieder zurück sein. Man sagte mir, später ist vom Personal normalerweise niemand mehr da. 22:00 Uhr war allgemeiner Dienstschluss. Alles war dann in der Regel im Hotel auch abgeschlossen, und ohne Hotelschlüssel gab es auch kein Hereinkommen. Mit Erschrecken stellte ich aber fest, es war ja schon 23:00Uhr. Was sollte ich da nun machen? Ich rief deshalb, so schnell ich konnte, von meinem Gastgeber aus im Hotel an. Glücklicherweise konnte ich noch jemand erreichen, der auf mich wartete. Ich entschuldigte mich und sagte, dass ich in 15, 20 Minuten im Hotel sein werde, verabschiedete mich ganz kurz von meinem Gastgeber und machte mich „schnurstracks" auf den Weg nach Rudolstadt. Ich hatte allerdings auch gar nicht bedacht, dass in Rudolstadt am nächsten Tag das Rudolstädter Festival, das ehemalige Thüringer Volkstanzfest, begann, viele Gäste dazu in Rudolstadt eingetroffen sind und die Straßen im Zentrum der Stadt zum großen Teil bereits abgesperrt waren. Der Zugang durch die verschiedenen unüberschaubaren Gassen zu den Garagen des Adler-Hotels war für mich fast unmöglich, und das kurz vor Mitternacht und trotz Navi. Ich war zwar, wie geplant, nach ca. 15 Minuten unweit des Hotels, konnte aber dessen Garagenzugang nicht finden, irrte umher, mehr als mir lieb war. Und war schließlich auf einer Einbahnstraße, die mich wieder zurückführte, dorthin, woher ich gekommen war. Ich sah einen Polizei-Streifenwagen und schaltete spontan das Warnlicht in meinem Auto ein, hoffend, dass man mich vieleicht wahrnimmt. Was sollte ich ansonsten tun? Die angegebene Ankunftszeit im Hotel war längst überschritten, und ich wollte nicht auf der Straße übernachten. Ich hatte Glück. Der Streifenwagen hielt an, und ich konnte den Polizisten, das, was mich bewegte, erklären. Sie kannten auch nicht den genauen Weg zu den Adler-Garagen, meinten aber, durch ihren Funk-Kontakt zur Einsatz-Zentrale, den genauen Weg erfahren zu können. Sie waren nicht nur kooperativ, sie waren auch noch freundlich dazu und jetzt meine „Retter" und Entscheidungsträger. Sie sagten, ich solle nur hinter Ihnen herfahren. Alles Weitere ergäbe sich dann, und sie schalteten ihr Blaulicht ein. Wir hatten jetzt freie Fahrt. Ich hinter ihnen her. Einbahnstraßen galten als solche jetzt nicht mehr und ebenso die Absperrungen nicht. Nach weniger als zehn Minuten erreichten wir das Ziel, gratulierten uns noch gegenseitig. Ich dankte. Und wir wünschten uns noch eine gute restliche Nacht. Im Hotel wartete immer noch der „Diensthabende", den ich vor mittlerweile mehr als einer Stunde gesprochen hatte. Auch er war froh, dass ich nun da war und wies mich noch schnell in die Hotel-Garage ein, zum richtigen Stellplatz. Es war der glückliche Abschluss einer insgesamt doch recht anspruchsvollen Tour, mit einer Dramaturgie wie sie spannender wohl hätte kaum sein können. Wie geschaffen für das Drehbuch eines Films: Meine Blinklicht-Signale standen als Zeichen dafür, das richtige Ziel möglichst ohne unnötigen Verzug zu erreichen. Etwas ungewöhnlich, aber von den zuständigen „Polizei-Behörden", richtig verstanden. Und diese scheuten sich dann auch nicht, die hindernden Barrieren zu umgehen und sie gewissermaßen wie Zäune - wie ich es einstmals Zuhause tat - zu überspringen, um zügig das Ziel zu erreichen. Das zur Freude aller und mit einem Happy End.

Ein Synonym für das, was in Schwarza bei manchen zu lösenden Problemen anstehen könnte? Vielleicht. Es wäre nur zu hoffen. Anders als am Anfang könnte es dann aber am Ende zu Recht heißen: „Vom Gestern und Heute unserer aufstrebenden Schwarzaer Region".

Quellennachweis

[1] Foto Heike Enzian. In: OTZ Rudolstadt,16.04.2016

[2] Tourismuscenter Bad Blankenburg - Drei-Städte-Weg

[3] Joachim Vockrodt: „Die Gedanken sind frei", S. 67, typodruck-rudolstadt.de

[4] Manfred Klose: „'Von Mauern geprägt. Eine nicht ausschließlich persönliche 40-Jahres-Retrospektive". Projekte Verlag Cornelius Halle, 2011

[5] Manfred Klose: „Wider das Vergessen. Persönliche Historie, Israel, Bezüge zu Günter Grass". Verlag Tradition Hamburg 2013

[6] Kopie Postkarte 1: Schwimm- und Wellenbad des VEB Thüringisches Kunstfaserwerk „Wilhelm Pieck" Schwarza – vgl. Staatsarchiv Rudolstadt

[7] Kopie Postkarte 2: Schwimm- und Wellenbad des VEB Thüringisches Kunstfaserwerk „Wilhelm Pieck" Schwarza – vgl. Staatsarchiv Rudolstadt

[8] Foto Herzi 1981: Ehemaliges „Kulturhaus-Schwarza" Rudolstadt, n. W., in:: Panoramio 01.08.2011 - vgl. mapio.net/s/53594999

[9] Hans-Friedrich Bergmann und Wilhelm von Humboldt. In: ViGeno. Impulse für dein Leben – Norbert Paul

[10] Eberhard Weiland: „Kleine Thüringer Geschichten". BoD-Verlag 2013

[11] In: „Nischt über Rudolstadt": Grundschule Anton Sommer ehrt hiren Namensgeber mit Arbeitsgemeinschaft Mundart. Und: www.all - neumann.de/thueringer.html & U. Neumann 2004 Anton Sommer „Heimweh" in der Rudolstädter Mundart

[12] Friedrich Lundgreen: „Geschichte des Marktfleckens Schwarza S. 79. Druck Weimarischer Verlag GmbH Weimar

[13] Roberto Burian: „Neuer Turmknopf und goldener Baschkiren-Pfeil krönen Kirche zu Schwarza" OTZ 19.10.2013

[14] In [12] S. 82: Umschrift auf der Urglocke der Laurentius-Kirche Schwarza, die gesprungen war und 1671 umgegossen wurde

[15] In [12]: S. 80

[16] In [12]: S. 81

[17] Bild-Nachzeichnung zum Bild „Das Prinzip des Glockengusses" aus: Sabine Kaufmann: Der Glockenguss. Ein Handwerk zwischen Archaik und Moderne

[18] Andreas Fasel: Beim Glockenguss gibt es keine moderne Technik. Ein Besuch in einer der letzten Glockengießereien in Deutschland. Die Welt. Regionale Traditionen. 25.12.2014

[19] G. Deckelmann: In: „Die St. Laurentius-Kirche zu Schwarza. Kleiner heimatgeschichtlicher Streifzug durch unsere Gemeinde. Die Evangelische Kirche in Rudolstadt-Schwarza". S. 7: Darstellung der brennenden Schwarzabrücke im 7jährigen Krieg

[20] In [12]: S. 58: Schamelius 157. Die historischen Nachrichten des Pfarrarchivs setzen Volrat von Watzdorf schon um 1509 ins Gut

[21] Klaus Nestler: „Die Schwarzaer Mühle". In: „Die St. Laurentius-Kirche" (Untertitel: Kleiner heimatgeschichtlicher Streifzug durch unsere Schwarzaer Gemeinde). Herausgeber: Evangelische Kirchengemeinde Schwarza. SDC Satz + Druck Centrum Saalfeld GmbH. 2004

[22] Dieter Schölzel: Zwischen Triumph der Semperoper und Verfall der Neustadt. Ambivalenzen des Städtebaus. In: In der Krise des Systems. Dresden in den achziger Jahren, Dresdner Geschichtsverein, Dresden 2010. S. 6-17, hier 14 (Anm. 5), S. 8

[23] Uwe Schieferdecker: Das war das 20.Jahrhundert in Dresden, Gudensberg-Gleichen 2000, S. 90

[24] Ingrid Wenzkat: In: Fritz Löffler an Oberbürgermeister Gerhard Schill 23.1.1982 und Ingrid Wenzkat (Hg.), Fritz Löffler. Dresden – Vision einer Stadt, Dresden1995, S. 291

[25] Expose zum Industriestandort Schwarza. Internet: www.leg-thueringen.de

[26] Peter Unsinn, Schwarza, Bildmaterial. Außerdem Dank des Autors für die ausführlichen Informationen zum Gewerbe- und Industriepark Schwarza

[27] In: www.all-neumann.de/thueringer.html & U. Neumann 2004 Anton Sommer „Heimweh"

Danksagung

Nach meiner Buchlesung beim Straßentreffen erhielt ich zahlreiche Anregungen zum vorliegenden Buch-Tiel. Und häufig frug man mich da auch an, wie es darum „bestellt" ist.

Als Autor freut man sich natürlich über eine derartige Anteilnahme. Besonders aber über die vielfältige Unterstützung, wodurch das Schreiben zu einer Freude wurde, ja mir sogar Kraft gab, auch vieles, was für mich neu war, „anzugehen".

Ich möchte allen danken, die mir in irgendeiner Weise dabei geholfen haben. Vor allem auch denen, die jetzt hier vielleicht nicht genannt werden.

Allen voran gilt mein Dank Peter Unsinn für die miteinander geführten Gespäche, besonders für die detaillierten Informationen zum Industriepark Schwarza sowie für das zur Verfügung gestellte Bildmaterial. Ebenso gilt mein Dank Klaus Nestler, Barbara Pohl, Christel und Manfred Tröbs und nicht zuletzt Emmile Huber, die die Aktion Straßentreffen mit Engagement ins Leben gerufen und organisiert hatte. Dank gilt Frau Herrmann von der Heimatstube Schwarza für Ihre Erläuterungen, insbesondere zur Ausstellung „Schuhwerkstatt Ebhardt" außerhalb der eigentlichen Öffnunszeiten. Herr Schmalz begleitete mich bei meinen Foto-Arbeiten in der Sankt Laurentiuskrche sowie auf deren Glockenturm und unterstützte mich dabei großartig mit zusätzlichen Bildern. Nicht zuletzt auch mein Dank an das Staatsarchiv Rudolstadt für die Informationen zu verschiedenem von mir verwendeten Fotodokumentationen.